Johann Otto Thiess

Gedichte

2. Ausgabe

Johann Otto Thiess

Gedichte
2. Ausgabe

ISBN/EAN: 9783743652842

Hergestellt in Europa, USA, Kanada, Australien, Japan

Cover: Foto ©Thomas Meinert / pixelio.de

Weitere Bücher finden Sie auf **www.hansebooks.com**

Gedichte

von

Johann Otto Thieß

Zweite Ausgabe

Hamburg

Gedruckt bei Johann Philipp Christian Reuß

1783.

Meine
Gedichte

für
meine Freunde

von

Johann Otto Thieß

Hamburg, 1783.
Gedrukt bei Johann Philipp Christian Reuß.

Vorrede.

Diese Gedichte, denk ich, werden es schon gröstentheils selbst verrathen, daß ich bei ihrer Verfertigung wol an kein Publikum gedacht haben könne. Auch ihre Sammlung ist mehr von meinen Freunden, als von mir, veranstaltet worden, und gehört daher auch nur für sie. Nicht um meiner Freunde und ihrer Anzahl mich etwa zu rühmen, auch nicht aus einem Stolze, der sich unter dem Dekmantel der Bescheidenheit nur noch mehr bläht, sag ich dis; nur weil ich glaube, die Mängel und das Fehlerhafte vieler Gedichte, das ich nur gar zu wol fühle, so wie das Unbeträchtliche der ganzen kleinen Sammlung nicht besser entschuldigen zu können, als wenn ich auf ihre Veranlassung und Be=stimmung verweise — wenn sie nämlich auch solchen Lesern in die Hände fallen sollte, für die ich doch nicht eigentlich geschrieben, oder wenigstens nicht gedichtet habe. Das liebe Publikum, das unsre rüstigen Büchermacher

* 2

cher

cher immer im Munde führen, ist ia auch wol bei den mehrsten nur eine Privatgesellschaft, wenn es nicht anders gar oft nur in der Einbildung des Autors besteht.

Was ich etwa noch von den Epigrammen und Einfällen, auch von dem Anhang geistlicher Lieder zu sagen hätte, das hab ich an Ort und Stelle beigesezt, und bitt also nur, es nicht zu überschlagen. Noch mus ich meine Freunde um Verzeihung bitten, wenn sie etwa manches Sinngedicht, das ihnen sonst schon bekannt ist, hier vergeblich suchen sollten, und auch einige auswärtige Subskribenten, wenn sie in der Liste ihren Namen vermissen — beides wird man mir hoffentlich nicht als Nachlässigkeit zurechnen; für das leztere kann ich ohnehin gar nicht. Alles, was ich mir etwa von meinen kleinen Gedichten verspreche — wenigstens wünsch ich es — ist einige Unterhaltung oder Zerstreuung für den Leser in geschäftlosen Stunden; so wie es Erholung für mich war, wenn ich so zuweilen nach ernsthaften Beschäftigungen eins anstimmte. Weiter hab ich nichts mehr vorzureden. Geschrieben am 15 April 1783.

Thieß.

Meine Subskribenten.

Herr Hofrath und Sündikus Abel in Hildesheim.
— Abicht in Schöningen
— Johann Amberg, b. R. Kand. in Hamburg
— von der Aßeburg, b. R. Beß. in Helmstädt
— Kandidat Bach daselbst
— Direktor Ballenstädt in Hannover
— Rektor Ballenstädt in Schöningen
— J. W. Bartels in Hamburg
— Doktor Bernhard in Quedlinburg
— F. A. Beuck d. G. G. Beß. aus Hamburg in Kiel
— Doktor Bode in Braunschweig
— Kandidat Boden daselbst
Demoiſ. Maria Elisabeth Böttgern in Hamburg
Herr Johann Andreas Bohnsack
— J. C. G. Borchert, d. G. G. Beß.
— Heinrich Bortfeldt
— J. P. Boué
— C. G. J. Bräß, Lehrer am Pädagog. zu Helmſt.
— Kantor Bräß in Braunschweig
— Paſtor Bräß zu Detten im Braunschweigischen

* 3   Herr

Herr Profeſſor Bräß in Breslau

— Paſtor Brameyer in Billwärder

— Amtmann Brandes in Oſleben

— Brinckmann, d. G. G. Beſſ. in Helmſtädt

— Kandidat Brügmann in Hamburg

— Hinrich Chriſtian Bruns

— Johann Matthias Bruns

— Johann Nikolaus Bruns

— W. Burrowes

Madame Anna Magdalena Eliſabeth Carſtens

Demoiſ. Maria Chriſtina Margaretha Carſtens

Herr Matthias Jakob Claaſſen

— J. Claeſſen

— Amtsrath Cleve in Supplingenburg

— Martin Hinrich Cords in Hamburg

— Friedrich von Cramm, b. R. Beſſ. in Helmſtädt

Demoiſ. Erygsmann in Hamburg

Herr D. J. T. Cunze, Lehrer am Pädagog. in Helmſtädt

— J. K. D. Curio, Lehrer an der Martinsſchule in Braunſchweig

— Diederich Friederich Dammann in Hamburg

— Kandidat Dävel in Hamburg

— Kandidat Danehl in Helmſtädt

— Förſter Delion in Supplingenburg

— Duncker, d. G. G. Beſſ. in Helmſtädt

— Ebersbach, d. G. G. Beſſ. in Erlangen

— Johann Heinrich Elmbcke in Hamburg

— Hofrath Eiſenhart in Helmſtädt

Herr

Herr Joachim Elvers in Hamburg
— J. Engelbrecht, b. R. Befl. in Helmstädt
Madame Elisabeth Erich in Hamburg
Herr Pastor Faaß in Buxtehude
— Hofmeister Fach in Helmstädt
— J. A. Fahrenkrüger, d. G. G. Kand. in Halle
— Fahtmann, d. G. G. Befl. in Göttingen
— Professor Ferber in Helmstädt
Madame Anna Maria Fischbach in Hamburg
Herr Christian Fischer, Oberfprüzzenmeifter
— J. K. B. Fischer, Lehrer am Pädagog. in Helmst.
— Kandidat Förster, Sekretär d. herz. deutschen
Gesellschaft dafelbst
— Kandidat la Fontaine zu Grosbartensleben
Demoif. Dorothea Margar. Fürftenau in Hamburg
Herr Pastor Geitel zu Heien und Frenke an der Wefer
— Advokat Geller in Braunschweig
— Doktor Gericke in Hamburg
— Doktor und Professor Gifeke
— J. H. Goedeke, Kollaborat. am Pädag. in Helmst.
— Kandidat Grabenhorst in Braunschweig
— Advokat Gräve in Wolfenbüttel
— Johann Christoph Grell in Hamburg
Demoif. Johanna Katarina Grell
Herr Gropius, d. G. G. Befl. in Helmstädt
— Hans Friederich Grube in Hamburg
— Haacke, d. G. G. Befl. in Helmstädt
— Heinrich Hänschel in Hamburg

*4 Herr

Herr Chriſtian Johann Hänſchen

— Theodor Hagemann, b. R. Kand. in Göttingen

— Wilhelm Hagemann, b. R. Beſſ. in Helmſtädt

— A. N. von Hagen in Hamburg

— J. G. L. Halske, Schullehrer zu St. Katarinen

— Martin Hanſen

— Johann Hardorf, d. G. G. Beſſ.

— C. W. F. Harke, b. R. Beſſ. in Helmſtädt

— J. J. Harmenſen in Hamburg

Demoiſ. Julian. Modeſt. Eliſabeth Harras

Herr J. M. H. Harras, d. G. G. Kand. in Leipzig

— C. Haupt, d. G. G. Beſſ. aus dem Mecklenburg.
  in Kiel

— Johann Karl Wilhelm Heimbach, d. G. G. Beſſ.
  in Helmſtädt

— Hempel, d. A. G. Kandidat daſelbſt

— Kandidat Herborth im Hannöveriſchen

— L. F. Hertel in Hamburg

— Heucke in der Neumark vor Helmſtädt

— Simon Hinrichs in Hamburg

— Doktor Hinze in Königslutter

— Hinze, d. A. G. Beſſ. in Helmſtädt

— Johann Hinrich Homann in Hamburg

— Beniamin Hoppe

— Heinrich Franz Horn, d. G. G. Beſſ. in Helmſtädt

— Chriſtian Martin Hudtwalcker d. G. G. Kandidat in Kiel

— Karl Hübbe, d. G. G. Beſſ. in Halle

Herr

Herr A. E. Hühne, d. G. G. Kand. in Helmstädt
— Jakob Diederich Jahn, d. R. Kandidat im Braunschweigischen
— Doktor Jänisch der ältere in Hamburg
— Illiger, d. G. G. Befl. in Helmstädt
— Johann Christoph Kaiser in Hamburg
— von Kampß, d. Phil. B. aus dem Meklenb. in Kiel
— Johann David Kirchenpauer in Hamburg
— N. W. Kirchhof, d. R. Kandidat aus dem Holstein. in Kiel
— Johann Klefeker, d. R. Kand. in Göttingen.
Demois. Johanna Elisabeth Klink in Hamburg
Herr August Kloß auf dem Hamburgerberg
— J. P. Koep in Hamburg
— Oberlieutenant Johann Ludewig Kranß
— Hofrath Krahenstein in Helmstädt
— Doktor Krebs in Quedlinburg
— Gottdank Anton Kühl, d. G. G. Kand. in Helmst.
— F. T. Kühne, Lektor der engl. und italienischen Sprache daselbst
Demoiselle Margareta Kuskopf in Hamburg
Herr J. M. F. Lademann, Lehrer am Waisenhause in Helmstädt
— G. H. Lagers, d. G. G. Befl. in Erlangen
— Charles Lahsbrooke in Hamburg
— L. J. F. Lambrecht, Notarius in Helmstädt
— Johann Lange, Schullehrer in Bremen
— Langhans, d. R. Befl. in Göttingen

* 5   Herr

Herr Doktor Languth in Köten

— Johann Leichsenringk in Hamburg

— Heinrich Friedrich Leithäuser, d. R. B.

— Hans Jakob Lemm

— C. A. Leo, d. G. G. Bell. in Helmstädt

— Michael Günther Leuckart, Rathmann daselbst

— Daniel Friederich Leuterdingk in Braunschweig

— Professor Lichtenstein in Helmstädt

— H. F. Liebau, Lehrer am Pädagogium daſ.

— J. Lieffers d. G. G. Beſl. daselbst

— C. W. Lobhau, d. R. Beſl. daselbst

— J. G. Loh in Hamburg

— P. F. Lüders

— Kandidat Lüders im Hannöveriſchen

Demoiſ. Johanna Elisabeth Lüken in Hamburg

Herr Otto Mackensen, Advokat in Wolfenbüttel

— Johann Friedrich Ludwig Maier, Kupferstecher
in Hamburg

— Andreas Ehrenfried Martens

— Joachim Hinrich Martens

— Doktor Martini der jüngere

— H. J. Matthieſſen

— Johann Baptiſta Wilhelm Mechonni

— Juſt Georg Meibom, Advokat in Wolfenbüttel

Demoiſ. Louiſe Mencken in Helmstädt

Herr C. W. Meyer, d. G. G. Beſl. daselbst

— Prof. und Paſtor Meyer in Kiel

— Adolf Friedrich Minder in Hamburg

Herr

Herr Kandidat Mirus in Braunschweig

— Georg Wilhelm Moockwitz, d. G. G. Bessr. in Hamburg

— Karl Wilhelm Mühlenbein, d. G. G. Bessr. in Helmstädt

— Hans Münster in Hamburg

— F. E. Mund, Lehrer am Pädagogium in Helmstädt

— Hans Rudolf Albert Nahrmann in Hamburg

Madame Neumann

Herr Johann Heinrich Neumann

— Heinrich Gotthilf Nissen, b. R. Doktor

— Doktor Nootnagell

— Anton Friedrich Nose, b. R. Kand. in Helmstädt

— Heinrich Friedrich Oberfeldt, d. G. G. K. in Grosbartensleben.

— Johann Georg Oesterreicher in Hamburg

— Ohrtmann, Apotheker daselbst   2 Exempl.

— Osteroth d. G. G. Bessr. in Helmstädt

Demois. Karolina Overmann in Hamburg

Herr Peter Julius Palm

— Kandidat Paris

— Paul Hermann Paulsen

— Peter Otto Pepper

— C. A. von Pfeiff, b. R. Bessr. in Helmstädt

Madame Pflaum in Hamburg

Herr Johann Peter Sökland Pflaum

— Plahn d G. G. Bessr. in Helmstädt

Herr

Herr J. C. Näber, d. G. G. Kand. im Hannöverischen
— Nahbeck aus Kopenhagen in Kiel
— von Rantzow, Lieutenant beim fünischen Regiment Reuter in Kiel
— Jakob Martin Rathjens in Hamburg
— F. C. Rehberg, d. N. B. aus dem Meklenb. in Kiel
— Lizenziat Reimbold in Hamburg
— Pastor Reimbold in Haarburg
— L. O. F. Rham b. R. Best in Helmstädt
— Oekonomus Rhebein daselbst
— Georg Karl Ricker in Hamburg
— Erdmann Elias Röding
— Johann Heinrich Röding, Schullehrer zu St. Jakob
— Johann Hermann Röding
— Peter Friedrich Röding
— Friedrich Röhrs
— Lieutenant Roepenak in Supplingenburg
— J. C. Röver, d. G. G. Kand. in Helmstädt
— Peter Rohde in Hamburg   5 Exempl.
Demois. Sophie Henriette Rohrschneider   2 Exempl.
Herr Professor du Roi in Helmstädt
— Johann Karl Albrecht Schacht, d. G. G. K. in Königslutter
— Pastor Scheel in Grossenaspe
— Johann Gottfried Schelbach in Hamburg
— Mag. Adam Schier, Konrektor in Schöningen

Herr

Herr Karl Schier, Notarius daselbst
— Kandidat Schmid zu Halchter bei Wolfenbüttel
— Schneidewin, Kaufmann in Helmstädt
— Superintendent Schramm in Hotersdorf
— Arnold Schuback, d. G. G Befl. in Hamburg
— Doktor und Professor Schütze
— Christian Heinrich Schütze, d. G. G. Kand.
            in Kiel
Demois. Franziska Elisabeth Schütze in Hamburg
Herr Johann Friedrich Schütze, b. N. Kand. in Kiel
— Johann Christoph Peter Schultz in Hamburg
— Christian Wilhelm Schulz, d. G. G. K. bei Lübek
— Peter Schumacher in Hamburg
— Karl Jakob Schwieler
— Schwieler, der jüngere
— Andreas Wilhelm Schytte
— Bürgermeister Seidel in Helmstädt
— Pastor Seidel in Supplingenburg
Demois. Anna Katar. Barb. Semnicht in Hamburg
Herr Kandidat Friedrich Sommer in Willershausen
Demois. Maria Magdalena Elisabeth Spaadt in
            Hamburg
Herr August Sparkuhle, d. N. Befl. in Helmstädt
— Pastor Sparkuhle zu Plate im Lüneburgischen
— G. B. Spoerck in Eppendorf
— Nikolaus Peter Stampeel, d. G. G. Befl.
            in Kiel

Madam

Madame Steinmetz in Altona

Herr Wilhelm Steinpfort in Hamburg

— Detlev Friederich Stelley

— Matthias Georg Stelley, d. G. G. Kanditat

— Stoeterup, der iüngere

— Advokat Stollberg in Wolfenbüttel

— Subrektor Suhl in Lübek

— Franz Johann Daniel Tank, d. G. G. Befl.
     in Hamburg

— J. G. Tegetmeier   2 Exempl.

— George Thorey, Apotheker

Demoiselle Tiemann

Herr Kandidat Trier, Famulus communis in
     Helmstädt

— Doktor Ulffers in Hamburg

— J. C. Ulffers

Ungenannte   20 Exempl.

Herr Kandidat Vabers in Braunschweig   2 Exempl.

— Meno Valett, d. Phil. Kand. in Erlangen

— Chirurgus Vogelbusch in Hamburg

Madame Johanna Margaretha Vogelsang auf dem
     Hamburgerberg

— J. W. Voigt in Hamburg

— Simon Peter Voigt

— Simon Daniel Volckmann

— Dieterich Volkmann

— C. D. Voß, Lehrer am Pädagogium in Helmstädt

Herr

— G. P. L. L. Wächter, d. G. G. Beſſ. in Göttingen

— J. L. Wagner, d. R. Beſſ. in Helmſtädt

— A. J. von Wasmer d. R. B. aus Schleswig in Kiel

— Doktor Weiß in Hamburg

— Advokat Weitenkampf in Wolfenbüttel

— Johann Guilliam Jacob Wencke in Hamburg

— Hofrath Wernsdorf in Helmſtädt

— M. F. Wichmann, d. G. G. Beſſ. aus Schleswig in Kiel

— Profeſſor Wiedeburg in Helmſtädt

— Wieſe, d. G. G. Beſſ. aus Steinbek in Kiel

— Buchbinder Wirck in Helmſtädt

Demoiſ. Johanna Chriſtiana Witt in Hamburg

Demoiſ. Margareta Chriſtiana Witt

Demoiſ. Margareta Eliſabeth Witt

Demoiſ. Maria Henriette Witt

Herr Matthias Witt

— Konrad Heinrich Wolf, d. G. G. Beſſ.

— Rütger Michael Wolf, d. R. Beſſ.

— Paſtor Wolff in Königslutter

— Kandidat Wolff aus Stade

— L. J. G. Wolffram, b. R. Beſſ. in Helmſtädt

— Woltersdorff d. R. Beſſ. in Göttingen

— Georg Chriſtian Wortmann in Hamburg

— Doktor F. W. Wrede in Paderborn

Herr

Herr G. C. Wüpper in Hamburg
— Kandidat Zerbst in Ganderßheim
— Ziegeler, d. G. G. Bcfl. in Helmstädt
— Samuel Ziegra, Rathßapotheker in Lübek
10 Exempl.
— Daniel Friederich Ziethen in Hamburg

Drukfehler.

Seite 55 Zeile 1 lese man, statt ein andrer Melodei:
in andrer Melodei.
— 140 — 6 von unten, statt heiligen Geist:
heilgen Geist.

Kleine

Fortgeſeztes
Subſkribentenverzeichniß.

Ihro Hochfürſtl. Durchlaucht, Frau Sophie
Karoline Marie, Marggräfin zu Brandenburg-Kulmbach ꝛc. ꝛc. gebohrne Herzogin
zu Braunſchweig-Lüneburg ꝛc. ꝛc.

Herr Maximilian Reichsgraf von Degenfeld-
Schomburg zu Eybach

Herr Magnus von Bär, kaiſerl. Ruſſiſcher Lieutenant
aus Liefland
— Karl Heinrich von Bär, kaiſerl. Ruſſiſcher Lieutenant
aus Liefland

　　　　　　　　　Herr

Herr Bartels, d. G. G. Befl. in Göttingen

— Joh. Gottl. Beste, d. R. Beflissener daselbst

— G. F. Bornmann aus Riga

— Kandidat Breymann aus Blankenburg

— Ferdinand Brückmann, der Rechte Beflissener in Helmstädt

— Cropp in Hamburg

— Crull daselbst

— Otto von Dießkau, Kammerherr und Rittmeister zu Anspach

— Karl von Dießkau, Kammerherr und Rittmeister zu Anspach

— Friedrich von Erkert zu Anspach

— Feill, d. R. B. in Leipzig

— Flessing in Berlin

— Chirurg Friederichs in Hamburg

— von Görtewiz in Berlin

— Georg Gunnesch, der G. G. Beflissener aus Siebenbürgen

— August Friedrich Hecht, b. R. Befl. in Helmstädt

— Kandidat John in Gandersheim

— Johann Heinrich Keerl, d. R. B. in Erlangen

— Geheimer Rath und Obristhofmeister Freiherr von Knießperg daselbst

— Advokat Körber in Stade

— Johann Gotth. Langewiz, d. G. G. Beflissener aus Liefland

— Lensch, d. G. G. B. in Göttingen

Herr

Herr Kandidat Lerche in Blankenburg

— Lindemann in Hamburg

Fräulein von Metsch, Hofdame bei der Frau Marggräfin von Brandenburg-Kulmbach. ꝛc. ꝛc.

Herr Johann Heinrich Meyer, der G. G. Beflissener
 in Helmstädt

— Mie, d. R. B. in Leipzig

— Naumann in Magdeburg

— Kandidat Pätzel in Hildesheim

— Konrektor Pauselius in Gandersheim

— Obristkammerherr Freiherr von Pölnitz zu Anspach

Fräulein Karoline von Pölnitz daselbst

Herr Karl von Pölnitz daselbst

Le Baron de Conſtant de Rebeque

Herr Juſtizrath Reiher in Kiel

— Gottfried Jakob Schaller, d. G. G. Beflissener
 aus dem Elsas

— Schiemann, d. G. G. B. aus Kurland

— Johann Friedrich Chriſtoph Seip, d. R. Beſl. in
 Erlangen

— Stäker, d. G. G. B. in Leipzig

— Kandidat Stolle in Hildesheim

— Straus in Hamburg

— Tonnies, d. G. G. B. in Leipzig

— E. E. A. Truhart, d. R. B. aus Liepland

Ungenannte:

 in Aschersleben 1

 in Braunschweig 2

* 3   Unge-

Ungenannte:

  in Breslau 1
  in Göttingen 4
  in Halberstadt 1
  in Halle 5
  in Hamburg 1
  in Helmstädt 3
  in Jena 2
  in Leipzig 4
  in Wolfenbüttel 1

Herr Johann Friedrich Freiherr von Ungern Sternberg
aus Liefland

— Heinrich Voigt, der Kameralw, Beflissener in
Helmstädt

Frau Geheimeräthin von Weihmar zu Anspach

Herr Karl Zehelein, d. R. Befl. aus Baireut

Vorerinnerung.

Da ich schon in der Ankündigung, und in der Vorrede zur ersten Ausgabe (unter dem Titel: meine Gedichte für meine Freunde) die Entstehung und Bestimmung dieser kleinen Sammlung, und was sonst etwa noch zu erinnern sein mögte, angezeigt habe: so will ich hier nur noch auf einige Verbesserungen Rüksicht nehmen.

Seite 41 Zeile 3 statt: so wie: wie wenn
— 59 — 10 statt: trauernben: trauernbetti.
Seite 92 — 1 mag das Wort empfindsam immer stehen bleiben, da es hier, wie ich glaube, subjektivisch, und auch objektivisch genommen werden kann; wenn nämlich das erstere nicht gelten sollte. — Man hat ja über die Sache einmal gestritten: was wunder, wenn man nun auch über das Wort streitet? vergl. Sophiens Reise von Hermes, und Siegfried von Lindenberg von Müller in ein paar Anmerkungen: jener über die neuen Sprachverderber, und dieser über die lieben Unmündigen. Sollten aber die Herren ihr Wörtlein empfindsam nicht mit arbeitsam, betriebsam, aufmerksam, würksam u. s. w. vertheidigen, oder entschuldigen können?

Seite 99. fgg. ist eins der ältesten Gedichte in dieser kleinen Sammlung, und mögen sich daher die Leser an manchem harten, oder gezwungnen Reim nicht stossen. u. s. w. Es ist denn auch nur ein Nachtstük.

Seite

Seite 140. V. 3. Ihm sei stets Lob und Preis,
Am hohen Himmelsthrone,
Dem Vater aller Welt!
Und seinem theuren Sohne!
Der Grund dieser Verbesserung liegt, daß ich
nur eins anführe, schon in der Ueberschrift:
allgemeines Loblied Gottes.
Seite 141. fgg. ist wol die eigentliche Verbesserung dieses
Kirchengesangs sehr unbeträchtlich. Ich glaube,
daß auch andre den Zwang, den sie mich gekostet
hat, wahrnehmen werden. Der Gesang scheint
keine Verbesserung oder Abänderung ertragen
zu können.
Seite 146 Zeile 1 von unten statt: hierauf: hinauf.
— 155 — 4 von unten, statt: in den bängsten
Schmerzen: in Gewissensschmerzen.
Bei diesen wenigen Verbesserungen mus ich es für izt
bewenden lassen, da mein kritischer Freund, auf den ich bei
der Revision rechnete, mich verlassen hat. Hoffentlich
werden sie aber hinreichen, um die Leser zu überzeugen, daß
das, was ich bereits in der Anzeige, und noch deutlicher in der
Vorrede von meinen Gedichten für meine Freunde
gesagt habe, nicht etwa gar eine stolze Bescheidenheit, sondern ehrlicher Ernst sei. Da indessen diese kleine Sammlung nicht nur ihre eigentliche Bestimmung erreicht zu
haben scheint, sondern auch, über alles mein Vermuthen,
von mir unbekannten, besonders auswärtigen, Lesern mit
Beifall aufgenommen worden ist: so mach ich es mir zur
Pflicht, so viel ich kann, auch künftighin für die Verbesserung derselben Sorge zu tragen. Hamburg, den
29 Junius 1783.

Kleine

Kleine

Gedichte.

Centuriae feniorum agitant expertia frugis:
Celfi praetereunt auftera poemata Rhamnes.
Omne tulit punctum, qui mifcuit utile dulci
Lectorem delectando, pariterque monendo.

Horaz.

Germani. pueri longis rationibus aſſem
Diſcunt in partes centum diducere. Dicat
Filius — — —, ſi de quicunce remota eſt
Uncia, quid ſuperat? poteras dixiſſe: triens: Eu!
Rem poteris ſervare tuam. Redit uncia, quid fit?
Semis. At haec animos aerugo, et cura peculi
Cum ſemel imbuerit; ſperamus carmina fingi
Poſſe linenda cedro, et levi ſervanda cupreſſo?

Die Macht der Liebe.

Im März 1779.

Welch heilger Stralenhimmel schwebt um
diese seelige Szene! —
Wie so rein, so heilig das Fest der Lieb
ist, das Götter feiern!
Wie ein Gedanke das — Lieb! — ist,
nie ausgedacht!
Sie, die Seele der ganzen Schöpfung, entweiche
dem Erdensohn,
Und tiefer Trübsinn umwölkt in seiner sonnen-
leeren Seele
Das Licht — es wankt, und in Verzweiflung
lischt es aus.

A 2   Der

Der Silberbach, bei dem er seiner Laura sonst so harrte,
Ergiest sich dann, ihm unbemerkt, mit dumpfen Klage:
       ton dahin,
Und ihm entgegen traurt ein schwarzer Dannenwald.
Liebe! reine keusche Liebe! Du, nur hohen Seelen eigen!
Ueberbleibsel aus der goldnen Zeit! welch ein uner:
       schöpflich Meer
Tiefer, tiefer Seeligkeit leitest du zu der
Sterblichen Land hinüber! Mit der gleich vollen
       seegnenden Hand
Trittst du nahe dem Fürsten, nahe dem stolzen Unter:
       than, und
Der rothwangichten Bäurin.   Trunken von dir dünkt
Sich der Erdbürger ein Gott, schilt seinen Staub,
       schwebt in dem Taumel
Des himmlischen Wonnegefühls! — So zukt mit
       nervigtem Arme
Das Schwerdt Achill — er glänzt, der Helden
       Erster Er,
Im Buche hoher Thaten. So sind Trophäen und
       Lorbeerkranz
Nicht mehr des Helden, des Cäsars, Wunsch; im
       Siegen besieget ihn
Eine Kleopatra, den Helden die Liebe.
Trunken von Liebe taumelt der Jüngling bei Philo:
       melens Lied
Wie unter dem Eulengeschwirr, beim freundlichen
       Flimmer des Monds,

               Der

Der so begeisternd ist, wie in sternloser Nacht,
Hin zu dem offenen Fenster des seiner harrenden
Mädchens.
In der Liebe Genus seegnet der Mann des Tages
Beginnen,
Seiner Umarmung eilt die Gattin entgegen,
Troknet den Schweis mit der Schürz ihm, und bei
dem frölichen Male,
Und bei den traulichen Scherzen flieht ihm der Win-
terabend hin. —
Liebe athmet Natur, sie verkündet der Blik,
Er, des Herzens Verräther, stielt sich durch Wünsche
und Worte durch.
Sieh das liebende Mädchen! — ihm schmilzt von den
bebenden Lippen
Der erste beneidenswürdige Kus, — doch glüht
Ungesehen sein empfindender Busen für ihn, und Lie-
besflamm
Färbt die erröthende Wange. — Die du o Liebe
fesselst,
Mag Dürftigkeit treffen, mag in den Freudenkelch
Wermuth der Kummer träufeln; sie eilen ihm muthig
entgegen,
Und wallen den Dornenpfad unverlezt. Mit dem Säug-
ling der Lieb,
Den wechselsweise sie herzen, gehn sie fürder,
Blumen entspriessen schon auf dem Wege zum Ziel,
und sie haben

A 3   Es

Es schwizzend errungen, das Kleinod. — Denn sie
theilten ieden Schmerz,
Der sie beengte, und sie weilten oft so innig
Und so rein bei den Freuden der Natur, und bei guten
Thaten. —
Ha! was wären, Liebe! ohne dich, die Freuden dieser
Erde?
Einseitig — und Freuden für niedre Geschöpfe!
Keines Menschen würdig, ist die Freude, die nicht
Tugend und Liebe
Verädelt, — und Tugend ist Liebe. Ha! Welt, was
wärst du? — Schatten
Eines blendenden Irrlichts — ein stehender Sumpf!
Oder ungebundne disharmonische Geschöpfe quälten
Sich die Tage ihres Seins hindurch — Vater den
Sohn, und Tochter
Die Mutter! — O du leere, dorrende Wüste,
Entflieh meiner Einbildung —! Entflieh, entflieh
du todte Gegend!
Dein pestilenzialischer Aushauch würde schnell mich
tödten.
In Verwünschungen meines Schiksals, und im Hohn
Der Blizze des Jupiters sänk ich dahin! — Aber
du, Liebe!
Du, die du mich doppelt fühlen läst, daß ich bin, —
rings um dich her
Ist Seeligkeit, ist ädle That, und hoher Sinn!

Wo

Wo du dich niederlåst, seis in den Pallästen der
Fürsten, seis
In der ärmlichen Hütte — rauschen Freudengeister
mit ihren
Beseeligungen. Dein Liebe! sei der Weihrauch,
Daß du, o Götterempfindung! Menschenherzen zum
Aether hebst!
Seht da den hohen Jüngling! er trinkt aus dem Becher
der Liebe
Seeligkeit für seinen schmachtenden Geist! Er trinkt,
Trinkt aus dem vollen Becher der Liebe, und sein
Herz lodert auf
In heilige Flammen, und mit Zähren tiefgefühlter
Wolluft
Wankt er dahin, über Büsch und Rosenhügel
Und auf ienem Rasenhügel — da låst er sich nieder,
harrend
Des Mädchens, will er hier die seeligste Stunde
seines Lebens
Feiern, und den Bund der Liebe will er schliessen.
„O du meine Liebe! Minna! meine ganze reizende
Welt!
Umschling mich, umschling mich! in deinem Herzen
seh ich den Himmel —
Wohin, du lächelnde Liebe! bliktest du izt?
Wie? horchtetest du zum Gesang der süssesten Sän-
gerin

Unserer

8

Unſrer Flur? — oder welche anmuthige Gegend
. füllteſt du
. Mit den Stralen deiner bezaubernden Schönheit?
O zeig ſie mir, Engel, da will ich Kränze winden zur
Hochzeit." —
„Empfang mich mein Alles, mein Lieber! froh blikt ich
auf zur Schöpfung —
Melancholiſch und düſter führen die Blikke
Dahin, hätt ich dich Trauten nicht funden — rein
ſind meine Freuden,
Ich will mit dir ſie theilen, empfinden, was ich empfand,
ſollſt du —
Froh blikt ich auf zur Schöpfung, zur lieben nährenden
Sonne, und —
Wie ſo ſchön, ſo ſchön fand ich die Erde des Herrn! —
wie ſo himmliſch
Mein Daſein! — ach, froh hüpfte um mich mein
Lämmchen,
Das du mir geſchenkt, — wie ſah ich den Wurm im Staub
ſo luſtwandeln —
Und da fühlt ich mich für dich geſchaffen, da hob ich
mit weicher,
Dankender Seel die Hände gefalten empor.
Der gütige Himmel hat mit von allen ſeinen Ge:
ſchöpfen
Die ädelſten, mir die reinſten Freuden der Liebe ver:
liehen,
Der gütige Himmel!" — Wie ſo ſüs iſt Minnas
Er:

Erzälung! wie so lieblich der Laut ihres Mundes!
welch Streben
In mir! Was fühl ich, was blik ich in deinem Her-
zen, o Minna!
Tiefe unaussprechliche Entzükung schwillt mir
Am Herzen — denk ich dich) — höher klimmt sie dann
meine Entzükung
Ganz auf zum Antliz — da vergeht mir mein Den-
ken, da sterb ich hin —
O Minna! wie harr ich der steigenden Sonne,
Des ewigen Festtags, der mich zu deinem ganzen
Besiz führt!
Welch Streben! — welch Streben in mir! Ists Traum?
ists Täuschung? ists Ahndung?
Mit dir, o Minna? — mit dir flieg ich durch alle
Künftigkeiten, trüb oder heiter — flieg ich durch
Leben und Tod,
Und Ewigkeit. An deine Seele gebunden, trift mich
kein Pfeil,
Schmettern des Himmels Blizze mein Ich nicht nieder.
Mädchen! wie harr ich des kommenden Frühlings!
säuselt auf schnellen
Fittigen zu mir herüber, laulichte Weste des Frühlings!
Mädchen! denk ich die wonnige Szene, wenn du
Beim sanften Mondstrahl meiner wartest, und ich
dann eilend herstürz
Zum stillen schattigten Thal, in dem unser Häuschen
dann prangt, und

A 5   Mir

Mir ein Knab oder Mädchen, wie du, o Minna!
Entgegen spielt, — denk ich die Szene — ich sterb
         dahin in Wollust! —"
„Mein Lieber! — was harrst du des kommenden
         Frühlings? — las uns eilen,
Und heute noch, am schönsten Tage, in dieser
Seeligsten Stunde des Lebens, uns knüpfen das hei=
         ligste Band!" —
„Minna! du meine göttliche Liebe! nur diesen Kus
         nimm noch, —
Nun wollen wir zum Altar der Lieb, und opfern!" —

Meinem

Meinem Freund an seinem Geburtstage.

Im November 1779.

Wenn doch der Komplimententand
    Aufhörte gar und schwände!
Wenn man, wie Brüder, Hand in Hand,
    Verliesse sich und fände —!

Das wäre brave deutsche Sitt,
    Wenn man sie doch erneute!
Die machte ieder Narr nicht mit,
    Drob ich mich das erfreute.

Freund! Du bist bieder, deutsch und gut,
    Du lachst der Modethoren,
Du bist ein Mann, hast Aedelmuth,
    Sei mir zum Freund erkohren!

Du bist auch nicht so hochgelahrt,
    Als manchem thät gelüsten,
Bist guten Herzens — das hat Art,
    Drob kann man sich noch brüsten!

Ich

Ich ehr an dir dis edle Herz,
    Das in dir lebt und webet,
Das rein und gut sich himmelwärts
    Zum Vater droben — hebet.

Es seegne dich, du guter Mann!
    An diesem deinem Tage,
Der dich und mich schön seegnen kann,
    Mit Freuden, sonder Klage!

Mit Freuden, wie sie Tugend nährt,
    Die du im Busem hegest,
Mit Freuden, deiner Tugend werth,
    Die treflich hoch du trägest!

Als

Als Herrnschmid starb.

Im Dezember 1779.

Nicht starb er, er entschlief, wie Fromme schlafen,
Nicht schmekte er des Todes Bitterkeit,
Nicht warens seine Pfeile, die ihn trafen,
Nein, durchgewandert war die Pilgerzeit.

Wie Moses schlummerte, als er vollendet
Sein Tagewerk, und es begrub ihn Gott, —
Den sanften, wohlthatvollen Schlummer sendet
Auch dem Vollendeten, dem Dulder — Gott.

Im Schlummer des Gerechten — o wie wandelt
Schon über ihm des Auferwekkers Hauch,
Daß er empfahen soll, wie er gehandelt,
Wie er geduldet und gelitten auch!

Heil dir an diesem Garbentag, Gerechter!
Und allen treuen Gottesknechten Heil!
O Heil, Heil dir! denn du warst ein Gerechter,
Und der Gerechteste lohnt dich mit Heil!

Gedan»

Gedanken bei der Abwesenheit meines Geliebten.

Im April 1780.

Wann im Wehen der Abendkühle, in dem düstern
Ulmengang ich wandle, und Gedanken
    Froher Tage mich umschweben,
    Und die Seele sich wölkt. —

Dann durchschauern mich Ahndungen, und das Bild
Des Geliebten dämmert heller vor mir auf,
    Ich seh es lächeln — ach der Blik
    Bleibt unvergeslich mir!

Und dann senket sich mein Blik! Wie wir einst in
Winterabenden so glüklich waren —
    Dieses denk ich — und es zittert
    Heis im Aug die Thräne!

Mailied.

1780.

Die Taube girrt,
Der Käfer schwirrt,
Der Mai im feſtlichen Kranze
Beblümt die Flur,
Schmükt die Natur,
Und ladet zum frölichen Tanze.

Auf iungem Grün,
Wo Veilchen blühn,
Hüpft muthig die ſchneeweiſſe Heerde,
Die Quelle fliest,
Die Blume ſpriest
Aus fruchtbarem Schooſſe der Erde.

Maiblütenduft
Erfüllt die Luft;
Die Weſte umflattern die Sträuche,
Die Lerche ſchwingt
Sich auf; und ſingt,
Die Schwäne berudern die Teiche.

Und alles lacht
Erhebt die Macht
Des holden allmächtigen Maien,
Der Landmann singt,
Sein Röschen schwingt
Der Hirt in beflügelten Reihen.

Der süsse Schall
Der Nachtigall
Durchwirbelt die blühenden Wälder,
Und spiegelhell
Durchrauscht der Quell
Befruchtend die grünenden Felder.

Die Freude siegt,
Der Harm entfliegt
Bei alles erheiternden Scherzen.
Wie so beglükt,
Wie so entzükt,
O Mai dein Einflus die Herzen!

Trallrumla,
Rundhopsasa,
Wie ist doch so frei und so froh mir!
Mit offnem Sinn
Spring ich dahin,
Und spring in die Kreuz und die Queer hier.

Phan-

Phantasie bei Mondenschein.
Im Julius 1780.

Du falbes Mondenlicht! gehst du schon wieder
Aus deinem dunkeln Kämmerlein hervor?
O Harmvertraute! bange Klagelieder
    Seufz ich, und seh, wie du, durch düstern Flor.

Du blinkest wol auf hohe Lagerstäten,
    Wo Könige der Wollust pflegen, hin,
Doch würd'st du nicht, wenn sie dich traulich bäten,
    Auch durch der Armen Klagehütten ziehn?

Du thust es ia, dein Feuerblik zertheilet
    Durch alle Gegenden der Erde sich,
Doch bei dem schwärmerischen Trübsinn weilet
    Er länger gern, drum harr ich so auf dich.

Umleuchte nur den Wandrer, den mit Sorgen
    Bebürdet, iedes Wipfelwehen schrekt,
Umleucht ihn freundlich, bis der iunge Morgen
    Um ihn den Aehrenpomp der Fluren wekt!

Leucht hie und dorthin, aber o du milde
    Nachtwandlerin! — ein Strahl von deinem Licht
Senk sich auf mich, daß in dem Schattenbilde
    Der Schwermuth auch ein Hofnungsschein an
                    bricht!

B   Freund-

Freundschaft.

Im November 1780.

Wer rein und gut im Busem trägt
Ein Herz, das voll Empfindung schlägt,
Ein Herz, das sonder Trug und List,
Warmgründig, brav und ehrlich ist;

Ein Herz, drin Wahrheit Funken sprüht,
Das hohen Drangs voll um sich glüht,
Ein Herz, das Freuden unverwehrt,
Den frohen, freien Mannsinn nährt;

Ein Herz, das nicht in Worten schmiegt,
Das klar und hell in Thaten liegt,
Das Treu und Glauben nie verlezt,
Religion als Thäter schäzt;

Durch Prunk und Mode nie gezwängt,
Die Fesseln alle offen drängt,
Die unserm deutschen Vaterland
Ein niedrer Sklavensinn umwand;

Wer so ein Herz im Busem trägt,
Das für die That sich hebt und regt,
Der ists, mit dem heb Freundschaft an,
Er schliest den Bund, er ist ein Mann!

Wie

Wie glüklich, o wie glüklich ist,
Wer ihn, den ächten Freund, geniest,
Ein Doppelleben lebet er,
Und Doppelfreud ist um ihn her!

An seines trauten Freundes Brust
Steigt gipfelhoch ihm iede Lust,
Durch iede Ader zukt und drönt
Die Manneskraft, die Wollust hönt.

Doch wer umfast, und wer ermist,
Was dem für Freudenfülle ist,
Der, keiner Larve unterthan,
Sich solcher Freundschaft rühmen kann?

Ja, Freund sein, Freund sein— es ist viel!
Ist That um That, nicht Worte Spiel,
Ist hoher Weisheit Förderung,
Und hoher Tugend Adlerschwung!

Bei

Bei Winters Anfang.

Im Dezember 1780.

Herein, Gefatter, dreist herein!
Er darf sich eben nicht so scheun,
Ich bin ein Deutscher, sieht der Herr,
Und er ist mir willkommen sehr.

Denn er ist züchtig, ernst und kalt,
Und hager, mager sein Gestalt,
Er ist so recht ein Mann für mich,
Drum ruf er her, und sez er sich. — —

Was bringt er denn für neue Mähr
Uns auf dis Jahr aus Norden her? —
Viel Schnee? viel Hagel? Wind? und Eis? —
Gefatter! mach er mir nichts weis!

Es sind nun eben vierzig Jahr,
Als er einmal so dummdreist war
Mit seinem Wind und Frost — gemach,
Mach er das Ding nur izt nicht nach!

Denn

Denn kultivirt ist seit der Zeit
Die ganze werthe Christenheit,
Und er — o pfui Herr Winter! — noch
Pfeift er aus seinem alten Loch.

Des triumphiret er wol gar,
Daß er nun schon so manches Jahr
Die Leutlein neffet und vexirt,
Und Küch und Keller visitirt?

Sieht er denn nicht, was Sitte ist?
Wie man sich hier zum heilgen Christ
Bescheret dis und das, und er
Trabt ungeschliffen so daher?

Herbst, Frühling, Sommer, alle drei
Bescheren uns so mancherlei,
Er nun glaubt, er sei ihr Kolleg,
Und doch ist er so dumm, so träg!

Er kümmert sich der Mode nicht?
Schneit jedem dreist ins Angesicht?
Und denkt wol gar in seinem Sinn,
Man nehm das so geduldig hin?

B 3   Das

Das hat sich wol, mein Herr Patron,
Fürwahr es wird ihm schöner Lohn,
Wenn er da draussen heult und kracht,
Wird er beim Ofen ausgelacht.

Er weis, wie Herrn und Damen sind, —
Denn er macht selber ia viel Wind —
Insinuire er sich fein,
Und geb den Leuten Sonnenschein.

Sieht er, da hat er nun Räson —
Ich zwar, ich lauf ihm nicht davon,
Ich hab so meinen eignen Sinn,
Das nehm er sich ad notam hin.

Beeist er auch die ganze See,
Mir thut davon kein Finger weh,
Denn Schrittschuh, seh er, lauf ich nicht,
Weil man nur einen Hals zerbricht.

Und überschneit er gar und sehr,
Uns Haus und Hof, und Land und Meer —
Nur zu! er schneit nicht ewig weg,
Zulezt fällt doch sein Kram in Drek.

Sein Wind — je nun, was will denn der?
Mehr nichts als wehen kann der Herr,
Und weht er auch für toll und blind,
Was ist es anders denn, als — Wind?

Er ist ja sonst ein Biedermann,
Drum fang ers doch so barsch nicht an,
Sonst wird er nur mit Schimpf und Schand
Vom lieben Frühjahr 'naus gebannt.

Wenn er dis reiflich nun bedacht,
Und er dann wieder freundlich lacht:
So, dächt ich, stellt ers Wesen ein,
Und lies uns ungeschoren sein.

Er stiehlt uns so das Sonnenlicht,
Besteh er uns um mehr doch nicht,
Las er einmal fünf grade sein,
Und pak er seine Bakbirn ein.

Da hat ers, geh er nun nach Haus,
Und führt er sein Plänchen aus,
Und kommt er wieder übers Jahr,
Ist er noch freundlicher, nicht wahr?

B 4   Dem

Dem Abschied meines Freundes, der mir so nahe ging.

Im Februar 1781.

Vom jähen Felsen wälzt sich fort
    Der Donner zu den Schlünden,
Mit Wirbelwind umgürtet dort
    Sich Aeol in den Gründen
Des Meeres, das er tief durchwad't,
Wo weder Rast noch Ruh er hat,
    Und wo er, will er, sausen
    Fährt auf dem Wellenbrausen.

So sausend brausend stürzt hinab
    Die Zeit — zu schnell — hernieder,
Bis endlich in das eisern' Grab
    Sie umsperrt alle Glieder —
Türann, wie wütest du so sehr?
O mezle, mord nicht länger mehr,
    Halt an, halt an den Zügel,
    Und kürze deine Flügel.

Doch

Doch kaum gesagt, so klappert schon
        Von Neuem ihr Gefieder,
Und pfeilflugschnell schiest sie vom Thron,
        Dreht sich zur Erde nieder.
Schon huscht ihr räuberischer Flug,
Ihr Zauberstab gebeut: „genug,
        „Genossen ist genossen,
        „Verflossen ist verflossen.

O rüklings, rüklings Zauberstab,
        Und nicht im Bruderkreise,
Steig berghinauf, steig berghinab
        Nach alter Zauber Weise:
Nur Brüderbande reisse nicht,
Ins Freundschaftsheilig bringe nicht;
        Marsch, weg von hier noch heute,
        Der Nase nach ins Weite!

Ha Zeter, Zeter über dir,
        Du räuberische Rotte!
Dort schreit'st, dort schleichst du nur, und hier —
        Schnaubst du in stetem Trotte,
Und wenn du ausgeschnoben hast:
So läst du dir auch dann nicht Rast;
        „Verflossen ist verflossen,
        „Genossen ist genossen.

Mit

Mit deinem Schnauben bläf'ſt du bald
    Des Jünglings Blüten 'runter,
Schon wird's im Jünglingsherzen kalt,
    Nicht wandelt er ſo munter,
Nicht weis und roth, wie Milch und Blut,
Mehr auf dem freien Antliz ruht,
    Von ſtarken Bruderküſſen
    Haſt du ihn weggeriſſen.

Und nun — nun reiſſ'ſt du von uns los
    Den Bruder mit. Behagen,
Des Herz ſo gut, des Treu ſo gros,
    O ſtimmt ſie an die Klagen,
O Brüder, ſtimmt die Klagen an,
Wie jeder Bruder vor gethan,
    Her Flötenſpiel und Geigen,
    In Trauer ſich zu neigen.

Doch wie die Nacht nicht immer währt
    Mit Eulenſchwirrn und Heulen,
Wie Titans Wagen wieder fährt
    Im Morgenroth: ſo eilen
Die Trennungswolken auch dahin,
Bald werden ſie vorüberziehn,
    Dann wird der Stab gebrochen,
    Und — frei ſind wir geſprochen.

Men-

Menſchenfreund.

Im April 1781.

Menſchenfreund in Worten und in Blikken,
Aber mehr in ſtiller, frommer That,
Die er mit des adlen Manns Entzükken,
Gnug belohnt durch ſich, geübet hat;

Menſchenfreund, der, fern vom armen Neide,
Fremde Wonnen in ſein Leben flicht,
Und für andre auch das Blümchen Freude
Von dem Pfade ſeines Lebens bricht;

Der, ein Gärtner, in dem Feld des Lebens
Hier gepflanzt, und dort gegätet hat,
Zwar im Mittagsſchweis, doch nicht vergebens,
Denn die Erndte folget ſeiner Saat —

Der das iunge, knoſpenvolle Bäumchen
Schüzzet, und ſein wartet, und ſein pflegt,
Bis es aus dem engbezirkten Räumchen
Sich verwächst, und reife Früchte trägt;

Der,

Der, wenn hoch die Sonn am Himmel stralet,
Und die Blume schon sich lechzend senkt,
Und wenn Abendroth das Land bemalet,
Sie, noch lechzend, und, schon welkend, tränkt —

Der im Wohlthun seine ganze Würde,
Wollust in dem Thränentrofnen fühlt,
Der dem Pilger gern die Sorgenbürde
Leichtert, gern die Leidenhizze kühlt;

Dem das Winseln und das Händeringen,
Dem das stille Ach das Herz durchbebt,
Der dann, in dem mitleidsvollen Dringen
Seines Herzens, Hülfe auch erstrebt,

Den es, wo er Unrecht sieht, mit Zittern,
Und mit ädler Rache überfällt,
Daß, wie Bliz aus tiefen Ungewittern,
Dann mit Manneskraft sein Stahl ausschnellt;

Menschenfreund in Worten und in Blikken,
Aber mehr in stiller, frommer That,
Die er mit des ädlen Manns Entzükken
Einem Dürftigen gespendet hat:

Wessen

Wessen ist sein Lohn? Gesang? wie tönet,
Er dem Lob des Aedlen viel zu schwach —
Fried und Freude des Gewissens krönet
Seegenvoll ihm seinen Lebenstag!

Und des Jünglings Dank, der, hoch sich sehnend,
Ueber Wolken weg in Wünschen steigt,
Und der armen Wittwen Dank, der, thränend,
In Empfindung laut — in Worten — schweigt,

Sind ihm Lohn, ihm Licht in dunkeln Gängen,
Hellen ihm die Nacht des Grabes auf,
Wann Gewitter um sein Haupt sich drängen,
Sezt er sie statt eines Helmes auf!—

Meinem

Meinem Vater

an seinem vier und funfzigsten Geburtstage
den 3. April 1781.

At tu, Natalis, multos celebrande per annos,
Candidior semper, candidiorque veni!

Tibull.

Wie, wann Herzgefühl sich mächtig zum Antliz drängt:
Hell die Wange sich färbt, Blizze das Auge schlest,
Das gestammelte Wort, klärer in Minen geprägt,
Ausgus für die Empfindung wird —

Also strömet auch izt, mit dem Entzükken hin,
Das zu fühlen ich nur, nicht zu reden, vermag,
Meines Herzens Gewalt, Aedler! entgegen Dir,
Denk ich, daß Du — mein Vater bist!

Was für Freuden mir auch Mutter Natur nur beut,
Was für Freuden mir auch Freuden der Weisheit sind,
Alle schwinden sie doch hin und vorüber mir,
Denk ich, daß Du — mein Vater bist!

Wie die Fahne dem weht, der zu dem Ziele strebt,
Und dem näheren Aug höher das Kleinod glänzt,
Also ifts mir wie Drang, weiter zum Ziele hin,
    Denk ich, daß Du — mein Vater bift!

Wie durch schwarzes Gewölk schaurlicher Mitter-
              nacht
Hingeschleudert der Bliz zuffend und freuzend fährt;
Also heller wirds mir, flagend der Zukunft Ohr,
    Denk ich, daß Du — mein Vater bift!

O wie faß ich es doch, was in dem Busem flopft,
Klopft und dränget und strebt, was in den Adern rauscht —
O wie faß ich es all, was zur Empfindung wird,
    Denk ich, daß Du — mein Vater bift.

Wie der Adler sich schwingt, schüttelnd den Erdenstaub,
Zu der Quelle des Lichts, schwebet der Geift in mir,
Auf den Schwingen des Danks, zu dem Allvater auf,
    Denk ich, daß Du — mein Vater bift!

Hohe Wonnen, und Heil, wie es der Tugend ift,
Langes Leben, und Glüf, wie es die Weisheit frönt —
Ha! des ahnd ich gewis — wieget Jehovah Dir
    Auf der Waage der Allmacht zu.

Ja

Ja schon seh ich den Greis — fern in der Zu-
kunft hin —
Sein ehrwürdiges Haar glänzt wie die Unschuld, hell,
Seiner Mine entstrahlt Lächeln des Heiligen,
Seinem Herzen die Ewigkeit!

Ja, ich sehe den Greis, Vater, den Greis in Dir!
Wie Dein heiliges Haupt hin zu den Höhen strebt,
Zu Elisium hin, wo Dir die Palme grünt,
Palme für die Unsterblichkeit!

Deine Lebensfakkel, Vater, o Vater, weht
Immer mächtiger auf, bis — dem thränenden Blik
Wird die Aussicht zu schwer, zitternd und düster mir —
Die einst jenseits der Gräber — flammt!

Vater,

Vaterland.

Im Mai 1781.

> Er sinnet dem äblen, schrekkenden Gedanken nach,
> Deiner werth zu sein, mein Vaterland!
>
> **Klopstok.**

Vaterland! — wie voll und hoch, wie mächtig
  Klopfst du iede Herzensader auf!
Dämmernd Erstgefühl! — o thatenträchtig
  Steigst du, wärmst und nährst, wie Sonnenlauf!

Vaterland! — du färbst des Jünglings Wange,
  Wenn die blüthevolle Knospe steigt,
Bis mit Feindesblut und Bardensange
  Er sich zu dem Abendschatten neigt.

Vaterland! — ein Drönen durchs Gebeine
  Jedes äblen, deutschen Manns bist du!
Ob das Weib die Trennungszähre weine —
  Kümmerts ihn? — er eilt dem Schlachtfeld zu.

C   Vater

Vaterland! — und deutsche Bräute lächeln
    Mit dem Ausdruk dem geliebten Held:
„Gürte dich und zuk das Schwerdt, wir fächeln
    Dich mit Feindespalmen, wenn er fällt.

Vaterland! — du funkelst noch in Blikken,
    Die der Greis an Thaten von sich sprüht:
Wenn er mit dem lohnenden Entzükken
    Rükdenkt, und des Alten Stirne glüht.

Vaterland! — du heiliger Gedanke!
    O umflügle wie ein Schuzgott mich!
Daß vom graden Wege ich nicht wanke,
    Will ich aufsehn — Vaterland! — auf dich!

Hoch.

Hochzeitslied.

Im Junius 1781.

Mel. Wer sagt mir an, wo Weinsberg liegt.

Es singe hin, es singe her
Von Schlachten und von Kriegen,
Vom blossen, blanken Mordgewehr,
Und hocherkämpften Siegen,
Es singe, wer da singen will,
Ich, meines Orts, ich schweige still.

Es schwing sich über Berg und Thal,
Und Erd und Meer und Sonne,
Weit, weit hinauf zum Ideal
Der höchsten Engelwonne,
Ich neide nicht den Adlerschwung,
Mir ist an meiner Sphäre gnung.

Es schmelze hin in Mondenschein,
Und wandle sich zu Thränen,
Vom Veitstanz der Empfindelein
Und vom Geniedrang wähnen,
Mags schauerlich, mags süßlich sein,
Nicht stimm ich in den Ton mit ein.

Es

Es sahe an von Ungeheurn,
Und Mordgeschicht zu singen,
Von Rittern und von Ebentheurn,
Und all dergleichen Dingen,
Ich bleibe auf der graden Spur,
Ich bleib bei Mutter lieb' Natur.

Mag, wer da will, mit Demokrit
Begäffeln und belachen,
Beweinen mit dem Heraklit
Die schönen Siebensachen,
Ich lasse sie in Ruh und Fried,
Bin frölich, und das ist mein Lied.

Ein Jammerthal ist nicht die Welt,
Troz allen Misantropen!
(Die, welchen es hier recht gefällt,
Sind ächte Philantropen)
Herr Leibniz, der den Saz ersann,
Der war gewis ein braver Mann.

Doch sing ich nicht die beste Welt
Mit allen ihren Freuden,
So schön auch, wie sie mir gefällt,
So hat sie doch auch Leiden,
Der Leiden Bittertränk ist stark,
Und dringt gar oft durch Bein und Mark.

Vom

Vom schönen Ehstand, mein Sang,
Vom Ehstand sollst du tönen,
Daß Braut und Bräutigam der Klang
Davon durchs Herz soll drönen,
Es lebe Bräutigam und Braut,
Zum Ehstande angetraut!

Als Gott der Herr im Paradies
Den alten Adam machte,
Und dieser ohne Lustgenies
Nur grübelte und dachte,
Nur spekulirte hin und her,
Ob denn für ihn kein Fräulein wär:

So daurte ihn der arme Mann,
Der einsam ging, und dachte,
Mit tiefem, trüben Blikke sann,
Nicht küste und nicht lachte,
Er nahm ihm eine Ribbe aus,
Und schuf ein holdes Fräulein draus.

Wie nun nach einem tiefen Schlaf
Das Fräulein ihn umschwebte,
Da wars, als obs das Herz ihm traf,
Und er von Neuem lebte —
„Bist du doch Bein von meinem Bein,
„Drum must du auch wol Männin sein.

Was

Was Gott denn nun zusammenfügt,
Soll ja der Mensch nicht scheiden,
Drum wer sich an den Ehstand schmiegt,
Der erndtet reife Freuden,
Wie Efeu um die Ulme schlingt,
So er ans Herz des Weibchens dringt.

Die Taumelfreud der Wolluft ist
Ein Gift im goldnen Becher,
Das langsam durch die Adern frist,
Bis, immer, immer schwächer,
Der Lüstling auf dem Siechbett — starrt,
Ein Leichnam, und — früh eingescharrt.

Drum reiner, keuscher Ehestand
Ist wahrlich Gottes Seegen,
Zum Traualtare Hand in Hand
Geht frölich ihm entgegen!
Er lohne Euch mit seinem Lohn,
So habt Ihr hier den Himmel schön!

Wie Tropfen werden Tage Euch
Verrinnen und verfliessen,
Und Seeligkeit, der höhern gleich,
Die werdet Ihr geniessen,
Bis einstens Kind und Kindeskind
Um Euch herum versammelt sind!

Die

Die Unsterblichkeit, Deutschlands Mutter.

Im Junius 1781.

Du freies Volk, das hoch und heer du wandelst
Im Sonnenglanze deines Ahnenruhms,
Hoch aufsiehst, deinem Hermann gleich, und händelst
Nach Hoheit — deines Eigenthums!
Thuiskons Volk! Unsterblichkeit hat dir
Die Fakkel vorgeschwungen, daß du ihr
Hinangefolgt, zum Gipfel aufgestiegen,
Zum Wolkengipfel, unter dem,
Herabgestürzt in Staub, bequem
Blutdürstige Tirannen liegen.

Unsterblichkeit! flieg ihnen nach, den Fürsten,
Die mehr noch, Menschen auch, und — Weise sind,
Die nicht nach Kriegen, die nach Blut nicht dürsten,
Das strömend auf die ofnen Felder rinnt,
Den Fürsten, die von ädler Glut entbrannt
Für Tugend sind, und auch fürs Vaterland!
Den Fürsten Deutschlands, die von ihren Höhen,
Von ihrem eignen Glanz zurük
Mit ächtem Patriotenblik
Auch auf Minervens Tempel sehen! —

An

An meine Mutter.

Im Julius 1781.

Du bist mir immer nah, und du fehlest mir
Doch immer, Beste, schwebest im Seelenflug
Um meine Seele, wenn ich wache,
Oder erscheinst mir im süssen Traume.
O Wiedersehen! lieblich, wie Sonnenschein
Nach Regen, schön und freundlich, wie Abendroth,
Erwünscht, wie Morgensonnen, Vorschmak
Ewiger Freuden nach leiter Trennung!

Stolberg.

Liebe gute Mutter! — eine Thräne,
Heissentquollen meinem trüben Blik,
Fliest Dir hin! — im süssen Taumel wähne
Ich in meine Jugend mich zurük.

Wie ich da so frölich, Dir zur Seite,
Meinen ersten Gang durchs Leben ging,
Mich an Deiner Freude miterfreute,
Und an Dir die ganze Seele hing.

Wie ich da noch nicht geheimen Kummer
   In dem Herzen trug, wie frei und froh
Mir die Zeit, so wie ein Morgenschlummer
   Schnell verscheucht wird, da vorüber floh.

Wie ich da von Deiner Hand geleitet,
   Auf der Bahn der Unschuld hohes Ziel
Hingeführt, und, wenn ich ia gegleitet,
   Aufgeholfen ward, daß ich — nicht fiel.

Liebe gute Mutter! — die bethränte,
   Nasse Wange, und der trübe Blik
Sind dem Herzen Luft — ich stand und wähnte
   In die frohe Jugend mich zurük.

Und sie ist dahin; ist mir entflohen
   Im Gewand der reinsten Heiterkeit,
Und wie weggebannt sind all die frohen
   Erstgefühle meiner Munterkeit.

Doch es stralet meinen trüben Blikken
   Eine neue Zukunft Licht. Wie schön,
Wie so schön, o Mutter, welch Entzükken
   Ists, nach Trennung sich einst wiedersehn!

Wie

42

Wie nach langer Nacht und langem Tagen
 Plözlich durchs Gewölk die Sonne bricht,
Also wirds mir auch — schon um mich tagen
 Schwarze Nächte auf, und es wird Licht.

Liebe fromme Frau! ich steh und bete
 Dir des Himmels Lohn und Seegen zu!
Wer, wie Du, so guten Saamen sä'te,
 Freu sich auf den Garbentag, wie Du!

Dem

Dem Grabe unfers feeligen Freundes Koch

widmeten wir es

feine akademifche Freunde.

Im Oktober 1781.

Seelig alle, die im Herrn entfchliefen!
Seelig, Lieber, feelig bift auch Du!
Engel brachten Dir den Kranz und riefen,
Und Du gingft in Gottes Ruh!
Siehft das Buch der Welten aufgefchlagen,
Trinkeft durftig aus dem Lebensquell,
Nächte, voll von Labirinten, tagen,
Und Dein Blik wird himmelhell!

Hölty.

Heil Ihm! und Wonne Ihm! Früh ausgekämpft,
vollendet
Früh Seinen Lauf zum Ziel hat Er!
Er duldete! Er rang im Abendfchatten!
Der Friedensbote kam!

Nun find ihm aufgelöst all Seines Leidens Banden!
Durchrungen ift der lezte Kampf,
Der Kampf des Todes! Und er liegt, und
fchlummert
Den fanften Schlummer nun!

Das

Das hat Ihm Gott ersehn! Sein Gott hat Ihn
gerufen
Zu sich, in der Verklärten Reih'n!
Das Kleinod hält er nun! Er ist am Ziele!
Und Seine Palme weht!

Dis hellt den trüben Blik, entwischt vom nassen
Auge
Die stumme Klagethräne uns.
Sein Herz von unserm Herzen weggeschnit:
ten —
Die Wunde blutet sehr! —

Wir klagen uns, nicht Ihn! Er war — des zeugt
Sein Ende —
Ein Gottgeweiheter, ein Christ!
Viel war Er uns — ein Freund! Er war
die Stüzze
Des frommen Vaters auch!

Ach Er entschlief zu früh! Auf Seinen Grabes
hügel
Prägt sich das Bild des Lebens ab —
So rauscht ein Pfeil vorbei — so blüht die
Blume —
Und welkt zugleich dahin!

Doch

Doch einst klärt es sich auf, was izt uns nur noch
dämmert,
Wenn auch wir hin gerettet sind,
Ein Halleluia strömt von unsern Lippen,
Des Staubes Schöpfer, Dir!

Heil Ihm! und Wonne Ihm! dem guten, frommen
Jüngling!
Der liegt, und überwunden hat!
Wir beten über Ihm! und seine Tugend
Ist Ihm ein Monument!

46

An meine Schwester.

Den 5. Oktober 1781.

Beste, du klagst nicht, doch entschleicht, ich weis es,
Mancher sehnende Seufzer Deinem Busem,
Trübt Dein blaues schmachtendes Aug ein Schleier
Schweigender Wehmuth.

Dir, die so zärtlich meine Seele liebet,
Dir, ach zürne nicht! schwieg ich seit dem bangen
Abschiedskusse! Sage mir, bestes Mädchen,
Sage, wie konnt ich?

Stolberg.

Lange gnug hab ich geharrt,
Lange gnug es aufgespart,
Länger harren kann ich nicht,
Bruderliebe säumt so nicht.

Meinem Herzen wirds zu eng,
In ihm ist es wie Gedräng,
Durch die Adern iagt das Blut,
Alles ist in mir wie Flut.

Meinem Auge ists so klar,
Alles so ganz wunderbar,
Alles klar und hell und schön,
Und so reizend anzusehn.

Alles

Alles tanzt um mich herum
Wie in einem Kreis rundum,
Mitten in dem Kreis bin ich,
Schau umher so wonniglich.

Und die Sonne steigt herauf,
Wie im rothen Feuerlauf,
Zwar oft hab ich sie gesehn,
Doch nie sah ich sie so schön.

Traun, du liebe Sonne du,
Bringst mir schönen Morgen zu!
Es verkündet mir dein Tag
Jubelvolles Festgelag!

Ha, es ahndet sich mein Sinn
Zu dem lieben Mädchen hin,
Dem ich wol mit Herz und Mund
Angelobt den Bruderbund.

Könnt ich doch mit Sing und Sang,
Pauken= und Trompetenklang,
Schwester! Dir entgegen gehn —
Denn des Tages Fest ist schön.

Dieses Tages Fest ist Dein,
Dieses Festes Feier mein,
Meinem Herzen wirds zu eng
Ob der Freud und Wünsche Meng.

Meiner

Meiner Wünsche Ziel ist gros,
Meine Freude wechsellos,
Henriette, nur für Dich
Strebt und hebt mein Busem sich.

Was die keusche Jungfrau schmükt,
Was den deutschen Mann entzükt,
Unschuldssitte hoher Rang,
Eines guten Herzens Drang —

Was seit Eva immerdar
Noch des Weibes Hauptschmuk war —
Bestes Mädchen, das ist Dein,
Und der Schmuk steht Dir so fein.

Deines Lebens Frühling blüht,
Aug und Mund und Wange glüht,
Aber blühender ist doch
Deine nahe Zukunft noch. . . .

Wie der Morgenröthe Strahl
Prächtig vorglänzt überall,
Dann ein heller Sonnenschein
Stralet in die Welt hinein! —

Dem

Dem Herrn Doktor Henke in Helmstädt

als er zum erstenmahl das akademische Zepter
übernahm.

Im Januar 1782.

Also stralet um Dich auch der Gesezze Glanz?
Oder stralet von Dir, höher und heller noch,
Jener Funkel dem Aug, der es bezaubert hält,
    Daß es neues Entzükken späht?

Ja er stralet von Dir, neues Entzükken strömt
Durch das fühlende Herz feuriger Jünglinge.
Wie im Herzen es stört, wenn die Empfindung nicht
    Durch die Sprache verdollmetscht wird;

Wie ein stammlender Laut, wo ihm der Ausdruk
    darbt,
Dann den Lippen entbebt, wenn ihm das Wonngefühl
All zum Herzen sich wälzt; ist es dem Jüngling izt
    Bei dem helleren Glanz von Dir.

Lang schon fesseltest Du unsere Herzen ganz
Zur Bewunderung Dir; früh' durcheiltetest Du
Deine Laufbahn zum Ziel — Stralen entbrachen da
    Wie vom hellesten Morgenroth.

D   Lang

Lang schon warst Du auch uns, was der dem
Pilger ist,
Der zum Ziele ihn weist, wann er zur Heimathskehr,
Nicht ganz kundig des Wegs, hie oder dorthin irrt —
O der warst Du uns lange schon!

Und des Irrenden Dank, der nun am Ziele war,
Hingeleitet durch Dich, strömte Dir Freuden hin,
Wie der Engel sie fühlt, kehrt wo ein Sterblicher
Zur unsterblichen Tugend sich.

Weisheit raunte ins Ohr heiliges Flüstern Dir,
Tugend leitete Dich über den hellen Pfad —
O wer klimmt ihn hinan? dem Du das Beispiel bist,
Der erklimmet ihn muthiger.

Heil dem Jünglinge, dem Lehrer und Stolz Du bist,
Einst als Mann, noch als Greis, wenn er hinübergeht
Aus der Dämmrung zum Licht, denkt er mit Rührung
Dein,
Seegnet Dich mit gebrochnem Aug.

Doch der stammlende Laut starrt auf den Lippen mir,
Bei dem helleren Glanz, der den Gesezzen strahlt —
Wie der Nebel entfleucht! Frölicher Morgengrus
Weckt zu frölichen Ahndungen!

Der

Der Heuchler kein Heuchler.

Im April 1782.

Seht, wie er mit gefaltnen Händen steht,
Und himmelwärts die holen Augen dreht,
Wie er andächtig schimpft und seufzt und weint,
So lange Gottes Sonn am Himmel scheint,
Sei es so arg noch nicht gewesen
In dieser argen Welt; zum frommen Leben
Sein Wenige nur auserlesen;
Sogar das Beichtgeld wolle man nicht geben;
Kein Wunder, wenn die Sündfluth wiederkehrte,
Und Pestilenz und Krieg das Land verheerte —
Wie menschenfreundlich denkt der Mann!
Man siehts ihm, wie ers meint, wol an,
Fürwahr der schwarze Herr trägt keine Larve,
Sein Herz ist wie sein Rok — von schwarzer Farbe.

Ein

Ein frommer Wunsch

vielleicht

Doch ein Prognoſtikon.

Im April 1782.

Wohl wahr, daß izt die Reimerei
Für alt und junge Knaben
Schier eine Flitterpuppe ſei,
Dran ſie ihr Spielen haben.

Sie zerren auch gar ſehr daran,
Und treiben's Unfug greulich,
Auch hängen ſie ihr Schellen an,
Nun Mode iſt es freilich.

Sie nehmens mit der Sprache nun
So gar nicht mehr behende —
O ließen ſie die Kiele ruhn,
So hätt all Fehd ein Ende! —

Meine

Meine Poesie.

Im April 1782.

Viel Weihrauch streuen um sich her?
Und kriechen vor Mäzenen?
Es ist nun wohl nicht Sitte mehr,
Sich an den Wind zu lehnen.

Und dem Patron, in Silbenzwang
Gezwängt, zu gratuliren,
Um sich durch so ein Kling und Klang
Fein zu insinuiren? ——

Wenn es auch manchem Herrn damit
Nach Wunsch, gar treflich glükke, ——
Ein ieder macht das Ding nicht mit
Man hat so eigne Nükke.

Den Mann, der sich durch eigne That ——
Das beste Denkmaal! —— ehret,
Den Menschenfreund, der Freuden hat,
Wie sie kein Dichter mehret ——

D 3   Den

Den Mann, den preise nicht mein Reim,
Ihn preisen seine Thaten,
Tief in ihm liegt des Guten Keim,
Weit um ihn stehn die Saaten.

Ihm ist die Welt kein Klagehaus,
Ihm Freude drinn beschieden,
Er kommt, genießt sie, geht hinaus —
Einst schlummert er in Frieden.

Ihm lügt die Leichenrede nicht,
Ihm — eine höh're Szene! —
Weint mit verhülltem Angesicht
Die Unschuld eine Thräne!

Abermal

Abermal ein Hochzeitslied, ein andrer Melodei.

Im Mai 1782.

D auf diesem Erderund
Geht es her so kraus als bunt,
Freude so als Traurigkeit
Wechseln fort in Ewigkeit!

Viele Müh des Lebens ist,
Wie ihrs allzumal wol wißt,
Unterm Monde, sorgenleer
Kam' noch nie ein Tag daher.

Doch ermanne dich, zu schaun
Auf des Lebens Freuden — traun!
Sie sind es denn auch noch werth,
Daß man ihrer wol begehrt.

Troz des Lebens Eitelkeit,
Troz dem schnellen Lauf der Zeit,
Gibts der wahren Freuden doch
Auch auf diesem Erdball noch.

Schön bezeichnet ist die Spur
Der erquikkenden Natur,
Maiestätisch ist ihr Gang
Dieser ganzen Erd' entlang.

D 4

O des Wonnetags im Mai,
Wie ich seiner mich erfreu! —
Hätt ich Geld und Gut und Ehr,
Sie erfreuten mich nicht mehr!

Freundschaft! — wärs nicht überall
Nur so eines Wortes Schall,
Wär es öfters nicht gar Trug,
Ha, es wär der Freuden gnug!

Aber Liebe — hoch und heer
Wandelst du, und fesselst sehr,
Herz an Herz, und Brust an Brust,
Einzutrinken Doppellust.

Liebe, keusch und rein und gut —
O sie schaft uns Göttermuth,
Sie erhebt den Erdensohn
Hoch auf aller Freuden Thron!

Doch nicht zu dem Thron darf ich
Ungeweihter — nahen mich.
Nur so durch ein Fernglas kann
Ich die sehn, die ihm nahn. —

Seegen, Wonne, Glük und Heil
Ist doch nur der Frommen Theil,
Heil Euch, die Ihr ihm izt naht,
Fromme! — wist, daß Ihrs empfahr.

Eur,

Eur, und eurer Kinder Theil
Ist der Seegen, ist das Heil,
Das schon hier die Tugend schmükt,
Das sie dort noch mehr beglükt.

So mit einem festen Stab
Wandelt Ihr bergauf, bergab,
Um Euch her ist Sonnenschein —
Eure Wallfahrt mus gedeihn.

Unzertrennlich, Hand in Hand,
Wandelt so ins beßre Land,
Wo, wann nun die Erndt' angeht,
Eure Saat so frölich steht.

Glük zu! zu dem Erndtetag,
Wo die ganze Schöpfung wach,
Aus dem Staube sich erhebt,
Und ein beßres Leben lebt!

An Herrn Doktor Henke

bei der

Niederlegung des Prorektorats.

Im Junius 1782.

Also hüllest du dich izt in die Wolken schon?
Also fliehst du dahin? fliehest den Haschenden?
Regst die Schwingen empor? schüttelst vom Staube Dich,
    Aufzufliegen mit Sonnenflug?

O wie täuschest du doch, täuschest den Frölichen,
Ihn — er ahndet es nicht — der in dem Sonnenstrahl
Zu dem Ziele hinstrebt, kühner und muthiger, —
    Daß sich Wolken zum Ziele nahn.

Kaum zur Hälfte vollführt hat sie mit Riesenschritt
Ihren prächtigen Lauf, stralend die Tiefen durch
Allumschienen, wohin selten ihr Blik sonst dringt,
    Allumschienen, und allerwärmt.

Und da wendet sie sich, tritt aus dem Kreise hin,
Bahnt sich vorigen Weg.   Daß sie gebahnet hat
Dort den ebneren sich, helleren Glanz gestrahlt
    Weithin — ist nun der Aedlen Stolz!

Konntest,

Konnteſt; Flügel der Zeit! du nicht gelinder wehn?
Konnteſt, Täuſcherin! du einen, nicht einen noch)
Von den Tropfen der Wonn, die wir da koſteten,
    Auf uns träufeln? nur einen noch)!

   Taub den Bitten dein Ohr, hüllſt du in Wolken dich,
Und verlierſt dich dem Aug — ſiehe wir hüllen uns
Auch in Klagegeſang, ſtimmen die Laut herab,
    Daß du raubeſt die Freuden uns!

   Doch du gabſt ſie uns auch —   Weg mit dem
                 Klaggeſang!
Weg mit trauernden Ton! daß wir mit frohem Blik
Ihm entgegen eilen, bringen entgegen Ihm
    Vaternamen und Herzensdank!

   Ja der warſt Du uns, Du! der Du uns alles biſt,
Vater, Lehrer, und Freund! ſiehe, die Thrän im Aug
Zeuge Dir unſern Dank, lohn es Dir Gott, Dein Gott,
    Was der Jüngling Dir ſchuldig iſt!

Als

Als Herr Hofrath Eisenhart in Helmstädt das Prorektorat übernahm.
Im Junius 1782.

Ha! das ahndeten wir, freuten des Tages uns,
Der so freundlich herüber schien,
Grüßten freundlicher ihn, suchten und fandens auch,
Daß er Freuden uns spendete,
Wie beginnen wir es? — über den Ausdruk weg.
Ist dem Herzen das Hochgefühl!
„Kannst DU: schildre DU es". „Kannst DU:
vollende DU
Das Gemählde der Freude uns."
Also sahn wir uns an, fragten die Reihen durch
Mogtens alle, und — konntens nicht. —
Doch ihm tönt nicht der Klang unseres Saitenspiels,
Ihm zum Lobe die Leier nicht;
Er hat höheren Ruhm, Weisheit umkränzet Ihn
Mit dem Kranz der Unsterblichkeit!
Er hat höheren Lohn, Tugend — Er fühlet es —
Schaft Ihm Wonnen — viel köstlicher!
Nur uns gnüget es nicht, unserem Herzen ist
Freude Freude der Dankbarkeit.
Vater! — heiliges Wort, das von den Lippen fliest,
Dir, dem theuersten Lehrer, zu!
O es schaffet uns Muth, wekt in uns feurigen
Durst nach Tugend und Männersinn!

Dich

Dich geleiteten sie, führten die Ehrenbahn
  Dich von Stuffe zu Stuffe fort,
Und Du hast sie erreicht — schöner erreichte sie,
  Selbst den Gipfel, der Aedle nicht.
Wie den Purpur Du zierst, zierte der Purpur ie
  So den Weisen und Menschenfreund?
Blik und Sprache und Herz — alles in Einem! — Ja,
So bezeichnet die Tugend sich.
Weh dem Jünglinge! — tief ist er gesunken schon,
  Den nicht rühret der Blik von Dir!
Ehrfurcht flössest Du uns, heilige Ehrfurcht ein,
  Daß wir — Vater! Dir rufen zu!
Sieh wir drängen uns hin — nicht zum Gebietenden,
  Der die Schranken verengen mögt,
Die die Freude uns gönnt — fesseln den Jüngling will,
  Dem für Freiheit der Busem schwillt —
Nein, wir drängen uns Dir als Deine Söhne zu,
  Nennen Vater mit Ehrfurcht Dich.
Lange seist Du es uns! Theurer! Dein Beispiel sei
  Tugendbeispiel uns lange noch!
Alle wandeln wir auch — siehe! das schwören wir,
  Deinen Tritten so willig nach.
Dank! — wir stammeln es nur, bis wir am Ziele sind,
  Dahin Du uns geleitet hast,
Da, da reden wir Dir Fülle des Herzens aus,
  Danken, Vater! Dir feuriger!

Das

Das akademische Studium,
wie es gäng und geb ist.

Nach dem Asmus.

Im August 1782.

Da sizzen nun die hochgeehrten Herren auf der Bank,
Und hinter einem Pulten — heist Katheder — treibt
den Schwank
Ein Herr Professor, Doktor, oder so etwas,
Der diskuriret denn so über dis und das,
Das heissen sie doziren,
Sie — machen Hefte sich und schmieren
Den ganzen Bogen voll,
Und paragraphenweise präpariren
Sie sich auch wol,
Und repetiren,
Und — was das Beste ist — pränumeriren —
Das heisse ich einmal studiren,
Und nach drei Jahren absolviren,
Und ein Gelehrter sein!
Gelehrter? nein, —
Zum wenigsten ein Doctor, ein Licentiat,
Wenn anders der Herr Candidat
Gelehrsamkeit im — Beutel hat,
Wo nicht — so ist und bleibt er — Candidat.

Rezen=

Rezensentenlied.

Im September 1782.

Wir Rezensentennazion,
Wir sprechen Land und Leuten Hohn,
Wir sind ein Volk von eigner Art,
Und treiben eine grosse Fahrt.

Wir flaggen mit der Frau Vernunft,
Sie präsidirt in unsrer Zunft,
Der Sittenlehr geschieht kein Tort,
Der Glaube, der mus übers Bord.

Wir kämpfen nicht mit Sturm und Wind
Weil diese gar unhöflich sind,
Wir schwimmen auch nicht widern Strom,
Als weiland Vater Pabst zu Rom.

Eh wir von Wogen und von Wellen
Uns lassen treiben und zerschellen, *)
Da streichen wir die Seegel fein,
Und laufen in den Hafen ein.

Wenn

*) Ich mus hier, und auch noch an einigen andern
Stellen, wegen Verändrung des Silbenmaaßes um
Verzeihung bitten.

Wenn aber Wetter nun und Wind,
Wies scheint, uns favorabel sind:
So seegeln wir mit Sonnenschein
Tief in die ofne See hinein.

Mit unsern Kapern kreuz und queer
Durchschneiden wir das Autormeer,
Wir lassen los, wir halten an,
Wir schiessen, rennen drauf und dran.

Zur Zeit der Messe haben wir,
— Dank sei dem Schriftlervolk dafür! —
Wir haben dann recht guten Wind,
Und seegeln ungemein geschwind.

Wir brüsten uns, und pralen sehr,
Als ob recht viel dahinter wär,
Wir sprechen hohen Richterspruch:
Sic volo — das sei euch genug!

Doch nehmen wirs nicht so genau,
Das Publikum, die alte Frau,
Nikt mit dem Kopf uns Beifall zu,
Und spielten wir auch Blindekuh.

Das

Das Ding ist uns so in der Art,
Sobald uns keimt und sprost der Bart,
So lassen wir uns straks barbiren,
Das heist — wir wollen rezensiren.

Und kámen wir ins Teufels Haus,
Wir rezensirten ihn hinaus,
Wir bauten mitten in dem Pfuhl
Uns einen Rezensentenstuhl.

Am

Am fünf und zwanzigjährigen Hochzeitstage meiner Aeltern.

Den 13 Jul. 1782.

Kein Lied zu diesem Feiertag kann ich Euch bringen,

Ihr Theuren! Theuren! — ich vermogt es nicht,

An Eurem Feiertag, zu diesem Fest, zu singen —

Empfindung bring ich Euch, und — kein Gedicht.

Der

Der philosophische Bauer

ein Fragment aus dem Abschiede des achtzehnten
Jahrhunderts.

Im November 1782.

Ich glaube nun wol, was die Bibel spricht,
Doch kehr ich mich an den Katchismus viel nicht,
Der Pfaffe, der schmälet und schimpfet so sehr,
Als ob er des Herrgotts Verwalter wär,
Er drohet mit Hölle und Teufel und Tod —
Herr Pastor! das hat nun wol nicht so leicht Noth,
Denn obgleich wir Bauern nur Bauern sind,
So glauben wir darum noch nicht so geschwind,
Verehrten wir ihm nur braf Rinder und Schwein',
Wir kämen wol all in den Himmel hinein —
Ich bleibe dabei, was die Bibel fest spricht,
Und kehre an sein Hokuspokus mich nicht.

An

An das alte Jahr.

Am 31 Dezember 1782.

Deinen Lauf haſt du vollendet,
Deine Bahn haſt du geendet,
Wo die müden Pilger ruhn,
An dem Ziele — biſt du nun.

An dem Ziele! — ſiegbekränzet
Iſt dein Haupt! dein Auge glänzet
Mit dem hohen Scheideblik
Auf die lange Bahn zurük.

Freundlich trat'ſt du zu uns Lieber!
Ernſter ſchwandeſt du vorüber,
Feierlich dein Abſchiedsgruß,
Wie der Liebe Abſchiedskus.

Deinen ſchönen Lauf begonnen
Hatteſt kaum du, wie, zerronnen,
Ueberfloß dein Tropfen Zeit
Schon ins Meer der Ewigkeit.

Eh dein Tropfen ganz verronnen,
Eh dein hell'rer Pfad begonnen,
Du die ſternenvolle Bahn
Wandelſt, hohen Flugs, hinan —

Weile bei dem Scheidekusse,
Siehe zu dem Abschiedsgrusse,
Den der Pilger von dir nimmt,
Dessen Aug in Thränen schwimmt.

Mit dir ist er nun am Ziele —
Seiner Brüder o wie viele
Stiegen nicht den Pfad hinab,
Friedlich dekket sie das Grab.

Ihres Herzens banges Stöhnen,
Ihrer Seele eifrigs Sehnen,
Wie sie ihre Todesnacht
Durchgekämpft und durchgewacht —

Zeugest du, doch überwunden
Haben sie, und Lohn gefunden,
Friedlich dekket sie das Grab —
Und wir stehn und schaun hinab —!

Mit dir sind wir nun am Ziele,
Und sinds freudig! — o wie viele
Wanken trostlos zu ihm her,
Denn der Kummer drükt sie sehr.

Ja du spendetest viel Freuden
Auf die Erde, und viel Leiden —
Eine Wittwe klagt dich an,
Du, du raubtest ihr — den Mann!

Einer

Einer Waise stilles Sehnen
Hörteſt du, ſahſt ihre Thränen
Nezzen ihres Vaters Grab,
Und — du troknest ſie nicht ab?

Und ein Spröslein, ſo gedeihlich,
Wuchs, den Aeltern ſo erfreulich,
Und ein Wind fuhr drüber her —
Und das Spröslein iſt nicht mehr.

Ahndete es nicht der Seher?
Deine Senſe ſchwangſt du höher,
Schwangſt ſie blutig in das Feld,
Und die Erndte war beſtellt! —

Aber jenſeits hebt die Welle
Höher ſich, und es wird helle,
Und du rauſcheſt hin ins Meer,
Gottesbote! — rauſcheſt ſehr! —

Und wir — noch am Ufer ſtehen,
Wie verlaſſen, wir; und ſehen,
Wie du ſchnell enteilſt — dein Blik —
Warnend läſt er uns zurük! —

Dem

Dem Andenken des frommen Schuppius*).

Im Februar 1783.

Zürne nicht, Schatten des Frommen, Friede sei
mit dir! ich störe
Nicht die geweihete Asche des Manns,
Zürne nicht, Schatten des Frommen, noch nach Jahr-
hunderten wein ich
Ihm eine dankbare Thräne ans Grab!

C 4 Rau-

*) So unschiklich es nun auch immer sein und heissen
mag, bei Gedichten Noten zu machen: so mus ich
mir doch wol hier die Freiheit nehmen, die Leser
mit einer kleinen Note zu beschweren. Ich befürcht
nämlich, weil der Nachruhm eben nicht mehr Mode
ist, daß mancher meiner Leser oder Leserinnen, von
einem Schuppius nie etwas gehört haben möge.
Diesen mus ich denn nun wol sagen, daß dieser D.
Joh. Balthasar Schuppe vor zweihundert Jahren
Pastor zu St. Jakob in Hamburg gewesen und 1661
gestorben ist. So viel Lieb er sich auch in Hamburg
durch seine natürliche Beredsamkeit, und durch die
Rechtschaffenheit, die er nicht blos predigte, sondern
auch übte, erwarb: so hatt er doch auch, vornämlich
in den lezten Jahren, viele Feinde zu bekämpfen,
und wahrlich, er ist durch Leiden bewährt worden.
Von einem gewissen Buryrolambius must er viel An-
fechtungen

Rauscheſt du frieblich vorüber, wankſt du noch unter
dem Monde:
Schwebe den höheren himmliſchen Flug,
Künd dem Unſterblichen es, wie noch ein Sterblicher
betet
An ſeinem Grabe, und ſeegnet den Staub!
Doch

fechtungen dulden. Er war auch, nach damaliger
Mundart, nicht recht orthodoy, d. h. er gab ſich
keine Mühe, die Juden auf der Kanzel zu bekehren,
die nicht in ſeine Kirche kamen, und die Sozinianer,
Arrianer, Pelagianer ꝛc. zu widerlegen und zu ver=
dammen, die ſeine Zuhörer nicht kannten: ſondern
er lehrte ſchon damals, auf der Kanzel und im ge=
meinen Leben, chriſtliche Sittenlehre, die er für
chriſtliche Religion hielt. Seine größte Kenntnis
war eine genaue Welt= und geübte Menſchenkenntnis.
Daher predigte er nicht aus der Studirſtube und
für die Pfeiler und Bänke ſeiner Kirche, ſondern
aus dem Herzen und fürs Leben. Auf ſeinem Lei=
chenſtein ſtehn nur die Worte: Ich habe geglaubet
eine Vergebung der Sünden, Auferſtehung des
Fleiſches, und ein ewiges Leben. Amen. — Heil
Dir, Du Rechtſchafner, Du treuer Haushalter Got=
tes, daß Du geglaubet haſt, nun wandelſt Du im
Schauen.! —
Schon vor einigen Jahren, da ich den verun=
glükten Verſuch einer Hamburgiſchen Gelehrtenge=
ſchichte ſchrieb, intereſſirte ich mich ſehr für dieſen
Mann,

Doch der Unsterbliche hörts, er sieht die vergeltende
Thräne,
Mischt sie in himmlischen Jubelgesang —
Der Du vollendet nun bist — ich wanke noch unter den
Gräbern —
Jenseits der Gräber empfange Du mich!

Mann, ob ich ihn gleich damals noch nicht völlig
aus seinen eignen Schriften kannte, sondern meine
Nachrichten vorzüglich aus der Quelle schöpfte, die
auch meine Vorgänger größtentheils, wenn gleich
nicht immer glüklich, benuzt hatten — ich meine
Mollers gelehrtes Zimbrien in 3 Foliobänden. Nachher hab ich seine Schriften, deutsch und lateinisch,
gelesen, und studirt. Herr Rektor Perschke zu Sülau
in Schlesien kündigte vor einiger Zeit eine neue Ausgabe der sämmtlichen Schriften des s. Schuppius
an. So sehr ich, grosser Verehrer des Mannes, mich
auch über diese Ankündigung freute: so glaub ich
doch fast nicht, daß unser Publikum die Unternehmen
begünstigen werde. — Indessen wäre der Freund in
der Noth, und Korinna, oder die ehrbare Hure,
(nach meiner Einsicht Schuppius beste Schriften)
wenn sie etwa das leichte Gewand der Mode erhiel-
ten, bei gegenwärtiger Lesewuth noch immer eine
empfehlungswerthe Lektür. Ich wenigstens hab sie
mit würklichem Nutzen gelesen.

Das

Das Lob der Schönen.

Im Februar 1783.

Ich lobe mir das Hedchen,
Das flügelschnelle Mädchen,
Auf seinen kleinen Sökken
Springt es durch Büsch und Hekken.

Ich lobe mir Christinen,
Auf ihren holden Minen
Prangt sichtbarlich die Jugend,
Und iungfräuliche Tugend.

Ich lobe mir Charlotte,
Mit ihrem feinen Spotte
Kann sie die Schwestern nekken,
Und süsse Herrchen schrekken.

Ich lobe mir das Gretchen,
Es ist fast wie das Hedchen,
Am grünbeschilften Sumpfe
Sas es, und strikt am Strumpfe.

Doch sah ichs nur von weiten,
Ich mogt nicht näher reiten,
Zu Pferde sas ich grade,
Es war recht Jammerschade.

Wer weiß, wär ich zu Fuße —?
Doch still — wer spricht vom Kuffe?
In Züchten und in Ehren,
Das kann mir niemand wehren.

Ich lob mir Henriette,
Sie soll — allein ich wette,
Säh ich sie auch gleich toben,
Ich würd sie dennoch loben.

Ihr Mund ist recht zum Küffen,
Doch nach den kleinen Füßen
Hab ich nun nicht gesehen,
Doch blieben Damen stehen,

Und fahen nach — indeffen,
Ich hätt es bald vergeffen,
Sie ist ein wenig spröde,
Doch, sagt man, sie sei blöde.

Ich lobe mir die Lene,
Denn sie weiß — notabene,
Den Hausstand wol zu führen,
Und läßt sich nicht frisiren.

Sie ist nie ausgeritten,
Sie fährt auch nicht in Schlitten,
Sie hält nicht viel vom Tanze,
Doch viel vom Jungfernkranze,

Sie

Sie lieſet kein Romänchen,
Vergißt dabei kein Thränchen,
Doch bäkt ſie ſchöne Kuchen,
Und kann das Haus rund ſuchen.

Sie geht auch in Komödie
So wenig wie Tragödie,
Sie kann nicht wizzig ſcherzen,
Doch geht ihr Spas zu Herzen.

Sie hält auch nichts vom Balle,
Es kämen da zu Falle,
Meint ſie, gar viele Schönen —
Das glaub ich nicht der Lenen.

Ich lobe mir das Röschen,
Jüngſt ſaß auf ihrem Schöschen
Am erſten Tag des Maien
Ich — welch ein Benedeien

War das für meine Seele — !
Doch daß ichs nicht erzähle,
Steht mir wol anzurathen,
Mir armen Kandidaten.

Ich lobe mir die Jule,
Sie ging gern in die Schule,
Zum Tanzen und zum Springen
Iſt ſie ſo flink, auch ſingen

Kann sie, französisch sprechen,
Und englisch radebrechen,
Allein mit Kochen, Braten,
Weis sie sich nicht zu rathen.

Sie klimpert auch nach Noten,
Doch süskandirte Zoten
Hab ich, ich mus's gestehen,
Bei ihr noch nie gesehen.

Ich lobe mir das Koschchen,
Sie trägt so hübsche Poschchen,
Sie läst sich hoch frisiren,
Und weis sich so zu zieren.

Sie duftet schon von ferne,
Sie glänzet, wie die Sterne —
Man sieht sie sich nur kleiden
In Sammet oder Seiden.

Die Bänder, Schleifen, Spizzen,
Die Blumen — o die sizzen
So niedlich an dem Kinde,
Weis Gott, es ist fast Sünde!

Daß der Verstand im Kleide
Bei ihr, der Wiz in Seide —
Daß sie von aussen schimmert,
Und nur bei Licht so flimmert,

Daß

Daß troz den hohen Hakken,
Und troz dem steifen Nakken,
Ihr Kopf— ich mags nicht wagen,
Es so rund aus zu sagen —

Je höher er frisiret,
Je mehr er ausstaffiret,
Inwendig — Gott sei gnädig
Den Schönen! — ist er leedig.

Ich lob mir Karolinen,
Die schönste der Blondinen,
Ihr Wuchs ist so behende,
So schlank an allem Ende.

Zwar lästern die Brunetten,
Die ärgste der Koketten
Sei sie, weil iedes Fentchen
Ihr lekt und nekt das Händchen.

Weil sie beim Abendschmause
Erst in der Nacht zu Hause —
Es ist ia Mode! — Frazzen,
Sie mögen immer schwazzen!

Ich lobe mir die Bette,
Die herrliche Brunette,
So rund und voll von Bakken —
Ihr sizt ein Schelm im Nakken.

Sie thut gar oft so blöde,
So iüngferlich, so spröde,
Und weis doch mit den Blikken
Das Herz gleich zu berükken.

Auf ihrem Busen spielen
Die Grazien, und zielen
Auf den, der dahin schielet,
Daß ers im Herzen fühlet.

Ich lobe mir das Trudchen,
Es thut mit seinem Ludchen
So traulich, so — ich wette,
Als gingen sie zu Bette.

Ich lobe mir — mit nichten,
Ich merk eur böses Tichten,
Ihr brummt schon vom Seraille,
Drum schweig ich von der Taille.

Ich könnte noch von Dorchen,
Und von dem kleinen Lorchen,
Und von der alten Sara,
Der sudelichen Klara,

Der pazzigen Sophie,
Der drollichten Marie,
Der komischen Rosine,
Geschminkten Albertine,

Der

Der naseweisen Mine,
Und von der albern Trine,
Und von dem dikken Hannchen,
Und von dem losen Sannchen —

Könnt ich noch viel erzählen,
Worüber manche quälen
Sich heimlich mögt, und fragen,
Vielleicht sich gar beklagen —

Und manche triumphiren,
Auch wol bonmotisiren,
Und bösen Leumund machen
Und dann ins Fäustchen lachen.

Holla! ihr schönen Damen,
Ich bitt nicht so vom Namen
Auf die Person zu schliessen,
Das würd mich sehr verdriessen.

'S ist nur so ein Register,
Es half es mir der Küster
Von längstverstorbnen Schönen
Dem Kirchenbuch entlehnen.

In meinem kleinen Stübchen,
Da denk ich an kein Liebchen,
Da stapl ich nur Quartanten,
Und dikke Follanten.

Da

Da mach ich mir Register,
Wozu der Nachbar Küster
Nicht helfen kann, da führe
Ich griechsche Avantüre.

Die Patres und Auctores,
Die halten fein auf Mores,
Die sezzen den Gedanken
Hübsch Ziel, und enge Schranken.

Die Alten, wie die Neuen,
Die dachten an kein Freien,
Leibniz, und seine beste Welt
Sei nur als Beispiel aufgestellt.

Die Weisen alle sieben
Sind Hagestolze blieben,
Nur Sokrates, der arme Mann,
Wie kam er mit Xantippen dran.

Die alten Knasterbärter,
Die sind mir auch viel werther,
Als all die neuen Stümper
Mit ihrem Liebsgeklimper.

Doch wenn Herr Amor käme,
Und sich ein Pläzchen nähme
Im Herzen, und ein Liebchen
Erschien mir auf dem Stübchen?

Und kam auf allen Wegen
Mir immer so entgegen,
So freundlich und so helle,
Und wich nicht aus der Stelle—?

Verlies ich da das Stübchen?
Und ginge mit dem Liebchen
So wonniglich, so Hand in Hand
Aus einem in das andre Land?

Und schmis ich meine Patres,
Scholasten et Confratres
Dann untern Tisch? zu freuen
Mich meines Lebens Maien?

Da schweig ich nun stokstille,
Und sinne nach und grille —
Doch Theologen sorgen
Nicht für den andern Morgen. —

Der arme Teufel.

Dem armen Teufel geht es schier
Wie Gellerts Hut — erst war er hier
Beinah auf Erden wie der liebe Gott
So heilig — dann — verlohr er seinen Pferdefus,
Und seine Krallen — nun — ist er ein Spott
Sogar der Knaben.
Fürwahr, wenn man auch schon nicht will, man mus
Doch Mitleid mit ihm haben.
Nun ist er auch kein brüllender Löwe mehr,
Er schleicht nicht sichtbar mehr umher;
Er soll nur noch die alten Weiber nekken,
Zum wenigsten ist er ihr Schrekken
Nur noch allein, und Teller, Semler, Bahrdt, —
　　　　　　　　sind wol kapabel,
Und — machen ihn — wie Gellerts Hut — am
　　　　　　Ende — gar zur Fabel.

Todes

Todesgedanken um Mitternacht.

Im Februar 1783.

Sei mir gegrüßt, du feierliche Stille
Der Mitternacht, sei mir ein Bild
Des ernsten Todes, des, der meine Hülle
In Staub verwandelt, die aus Staub der Schöpfer schuf.

Wie izt in Schlummer eingewiegt den Müden
Die stille Ruh der Nacht umfängt,
Und nach des Tages Last er so in Frieden
Das müde Haupt hinsenkt, und ihm Erquikkung wird:

So lieg ich dann und schlummre ganz in Frieden,
Im kühlen Staub ruht mein Gebein,
So ist auch mir Erquikkung dann beschieden,
Ich rang am Morgen schon, der Tag ist durchgekämpft.

Wie izt der Bösewicht noch einsam lauert,
Wie er der Unschuld Nezze legt,
Und raubt und sengt und mordet — doch mich schauert
Wann unter Gräbern auch kein Schauer ihn ergreift.

Wie izt vielleicht noch unbemerkt im Stillen
Ein Armer betend weint, indes
Der Reiche schlemmt und jauchzet — so im Stillen
Weint, betet — auch ein Freund vielleicht an meinem Sarg.

Und

Und daß ihm Linderung im Herzen werde,
Wie es dem armen Beter wird,
O Gott, verleihe ihm! — bis seine Erde
Dann einst mit meinem Staube friedlich sich vermengt.

Wenn so der kalte Mond auf Leichensteine
Herabblinkt, und der rauhe Wind
Herüberfährt, und dann so die Gebeine,
Als hebten sie den Sarg, mit nassem Aug ich schau —

Dann ist es mir, als eine leise Stimme
Weht mir aus diesen Gräbern zu:
Noch wankst du drüber her, und ach, die Stimme
Schallt stärker mir ins Herz, bald sinkst auch du hinab!

Schon ahnd ich sie, die lezte, bängste Stunde,
Mir gegenüber steht sie, — da!
Doch meine Seele bebt, und ach vom Munde,
Der auch verwesen soll, bebt kaum ein stammlend Wort.

Ihr Graun ist schreklich gros, steil ist die Höhe,
Die ich erklimmen soll, die Nacht
Liegt schwer auf ihr, doch ahnd ich — nein ich sehe
Durch diese Nacht ein Licht — das mir herüber scheint.

So steigt aus dir, o Mitternacht, der Morgen
Mit neuer Lebenskraft hervor,
So wekt den Pilger er, und seine Sorgen
Sind ihm, dem Süßerquikten, eine leichte Last!

Wann

Wann sie, der Ewigkeiten Morgensonne,
Den Hingesunknen Staub umscheint,
Und durch die Gräber dringt — o welche Wonne
Fühlt er, der aller Bürde ganz entlastet ist!

Da wartet sein am Ziele schon die Palme!
Die Schöpfung wirft den Schleier ab —
Der unterdrükte Keim wird da zum Halme,
Da ist kein Mehlthau, der die junge Saat verdirbt.

Meine

Meine Sonnabendsbetrachtung

Ein Fragment.

Den 15 Februar 1783.

So wär ich denn schon wieder auf der Lebensleiter
Um eine kleine Stuffe höher
Gestiegen, und mit ieder Stuffe rükt sie näher
Die schwarze fürchterliche Bahre,
Die man so bald erreicht,
Indes man steigt doch immer, immer weiter,
Und auch der Greis mit silbergrauem Haare,
Der keuchend an dem Stabe schleicht,
Dünkt sich noch weit, weit von dem Ziel,
Indes beim iugendlichen Spiel
Der muntre Knabe mit der Frühlingsluft
Den Tod einathmet, und die Gruft
Das rosenrothe Mädchen überfällt.
Man steigt so auf der bunten Lebensleiter
Von Stuf zu Stuffe — immer weiter.

Der Thoren gibt es viel,
Die mit dem Kräuselspiel
Der — wie sie sagen — grossen Welt
Ihr Wesen treiben —
Auch der grosgelehrten Narren viel,
Die so mit dem bewusten Federkiel
Sich nur die Zeit, oft auch die Ruh, vertreiben.

F 4   Allein

Allein seit dem betrübten Sündenfall
Sind wir ia' Thoren all,
Die Welt ist ia das grosse Narrenhaus,
Und ieder hat, wie Flakkus artig spricht,
So seinen eignen Sparren.
Zwar gibt es gros und kleine Narren,
Doch ieder spielt so seine Rolle aus.
Und ich, der ich mich hier mit dem Gedicht,
Der Narren halber, quäle,
Die Feder käue, und den Reim erpresse, und sogar
Mich an den Markt hinstell mit meiner Waar,
Und Subskribenten überzäle,
Da ich die Nas in andre Sachen stekken
Hübsch könnte, — und den Pranger der Kritik,
Der neben meiner Bude steht,
Nicht scheue, und auf gutes Glük,
Da doch auch fremde Fusstapfen mich schrkken,
Ja gar verscheuchen könnten — doch es geht
Im ganzen Leben ia so zu,
Die Reimer, wie die Menschen alle —
Nach Adams oberwähntem Falle —
Sie spielen Blindekuh —
Und mögens doch nicht gerne hören,
Daß sie es thun; —
Ei nun,
Wer will sich daran kehren,
Ich spiele auch so für mich hin,
Und denke so in meinem Sinn,

Wie

Wie meine liebe, seelge Baase,
Ein ieder hat doch seine eigne Nase,
Was er nicht will, nimmt er nicht hin,
Und damit Punktum.
                    Doch, wohin
Bin ich geraten? wie ist mein Konzept
So ganz und gar verrükt?
Ich ängstige mich schier wie ein Adept,
Den eben noch ein Hofnungsstrahl entzükt,
Bis endlich ihn die ganze Kunst berükt—
So sehr verstrikt
Sind die Ideen meiner Reimerei,
— Wenn anders sie Ideen hat — doch frej
Heraus gesagt, es ist nur — ein Fragment,
Und damit hat das Ding ia gleich ein End.—

Das

Das Lob des Mannes.

Im März 1783.

Wer nie noch mit zitternder sklavischer Hand
Sich schmiegte und biegte, und felsenvest stand
Bei Wahrheit und Tugend, und Fürstengebot
Nicht achtete höher als Ehre bei Gott;

Wer muthig und freudig die höhere Bahn,
Die Pflicht und Gewissen ihm weisen, hinan,
Und wärs auch durch Dornen, hinan — sie erstrebt,
Und nicht so am weichlichen Boden nur klebt;

Wer mannhaft und bieder dem weibischen Wahn
Armseeliger Mode nicht mit unterthan,
Die Bänder und Schleifen, das lüftge Gewand,
Die Tressen und Klunker und übrigen Tand

Verachtet und spottet, die einfache Tracht
Der ehrlichen Väter zur seinigen macht,
Die einfache Sitte der Väter auch ehrt,
Und schlecht und recht auf Komplimente nicht hört;

Wer ernsthaft dem Spötter der Tugend das Ohr
Nicht leihet, nicht künstelt den Bund, den er schwor,
Dem Schmeichlergewürme, dem Lästrer abhold,
Der Sage nicht nachgeht, der Mode nicht zollt;

Wer

Wer ſtrenge den Freund, eh zum Freund er ihn wählt,
Erſt prüfet und läutert, dann nichts ihm verheelt,
So traulich ſonſt keinen im Armen umſchliest,
Den Schurken, auch wär er vergoldet, nicht grüst;

Wer eifrig die Rechte der Unſchuld bewahrt,
Und, wo ſie geſchmälert, die Rache nicht ſpart;
Wer muthig den Strom der Verführung behemmt,
Die nervigte Rechte entgegen ihr ſtemmt;

Wem Tugend und Vaterland ehrwürdig iſt,
Daß nie er der hohen Verpflichtung vergist! —
Wer nicht nach dem Schatten der Liebe nur greift,
Sich ſelbſt nicht im Taumel der Wolluſt erſäuft;

Wer ſich ein unſchuldiges Mädchen erkiest,
Mit dem er die Wonne des Lebens geniest,
Das, als es ihm gab die treulobende Hand,
Auf ewig ſich mit dem Geliebten verband —

Dis Mädchen im Arme, dis Herz in der Bruſt —
O wo iſt auf Erden vollkomnere Luſt!
Er wandelt den Lebenspfad himmliſch hinan!
Wie preis ich ihn glüklich den glüklichen Mann!! —

Der

Der Bauer an den empfindsamen
Mondgukker.*).

Im März 1783.

Das mag mir eine Thorheit sein,
Fürwahr, der Herr mags mir verzeihn —
Er gukt so steif hinauf zum Mond,
Als ob da unser Herrgott wohnt.

Ich hab auch wol hinaufgeschaut,
Und's hat mich wahrlich oft gegraut —
Wenn er so feurig und so roth
Da steht, und schlimme Zeiten droht!

Sonst bin ich ihm von Herzen gut,
Weil er mir nichts zu Leide thut.
Ich hab, ging ich bei Nacht durchs Feld,
Ihm immer meinen Grus vermeldt.

Doch hab ich mehr an den gedacht,
Der ihn und mich so schön gemacht,
Auch an den armen blinden Mann,
Der Sonn und Mond nicht sehen kann.

Und

*) Zur Schadloshaltung für die Leser und Leserinnen,
die nicht so, wie S. 17. bei Mondenschein phan-
tastren können.

Und ſaß ich ſo beim lieben Weib,
Und machte mir ein Zeitvertreib
Des Abends — und er ſah uns dann
Durchs Fenſter ſo ſtillfreundlich an —

Dann dacht ich wol, der alte Herr
Wird ia faſt immer freundlicher,
Er ſieht dich ia ſo lachend an,
Als wär er ſelbſt ein Ehemann.

Auch freu ich mich, und ſeh es gern,
Wenn ſo die lieben kleinen Stern
Hübſch um ihn ſind, und ers Geſicht
Nicht hinter Wolken ſo verkriecht.

Sonſt wird ihm, denk ich, wol oft bang,
Nun wird ihm doch die Zeit nicht lang,
Nun ſteht er da nicht ſo allein,
Und mus nur Himmelsſchildwach ſein.

Dis denk ich in der Einfalt ſo
Von ihm — und bin dann herzlich froh,
Daß ich nicht darf da oben ſtehn,
Und ſo nur auf die Erde ſehn.

Doch, wie der Herr leicht denken kann,
Ich hab ſo meinen Spas nur dran,
Sonſt weis ich wol, wer überm Mond
Hoch über Sonn und Sternen wohnt.

Er

Er aber sieht so starr hinauf,
Sperrt Naf und Mund und Augen auf,
Und führt da eine Rede her,
Als hört und säh im Mond ihn wer!

Und Lieb' all übers dritte Wort —
Was Liebe hier, was Liebe dort,
Liebt er auf Erden eins, warum
Sieht er sich nach dem Mond erst um?

Er seufzt und weint ihm gar was vor?
Besinn er sich, mit keinem Ohr
Hört ihn der Mond, denn ein Gesicht
Hat er noch wohl, doch Ohren nicht.

Da wär ich wol ein grosser Narr,
Wenn ich da stünde steif und starr
Um nichts und wieder nichts, fürwahr,
Mondsüchtig wär ich da wol gar —

Und ginge nicht ins Kämmerlein,
Und legte mich zur Ruhe fein,
Und schliefe, troz dem Mondenschein,
Bei meinem Abendseegen ein!

Meinem

Meinem Bruder Stelley

bei seiner Rükkehr ins Vaterland.

Im April 1783.

So zeuch auch Du ins Vaterland,
Zeuch heim zu uns in Frieden,
Dir sei in Deinem neuen Stand
Viel neues Glük beschieden!

Das Glük, das Weisheit nur gewährt,
Und Tugend nur vermehret,
Das war stets deinem Herzen werth —
Auch mich hast Dus gelehret.

Das Glük, das nur Zufriedenheit,
Und froher Muth bereitet,
Und dann die hohe Seeligkeit,
Die Unschuld nur begleitet —

Das Glük, mein Stelley, das ist Dein!
Lohn Deines ernsten Strebens
Nach Weisheit und nach Tugend! — rein
Ist Dein Gefühl des Lebens!

Die

Die Quelle Deiner Freuden fließt
Izt ungetrübt und heiter —
O diese schöne Quell ergießt
Durchs Leben sich noch weiter.

Du trägst Verdienst mit Dir umher,
Und mehr als zünftges Wissen,
Nun wahrlich, da wirst Du auch sehr
Vom Neide dulden müssen.

Doch überlaß Dich immerhin
Dem stolzen Wahn der Thoren,
Weich drum nicht einen Fusbreit hin
Vom Weg, den Du erkohren!

Der Neid, der hier sein Wesen treibt,
Von Dummheit gros gesäuget,
Ists doch, wie sehr er sich auch sträubt,
Der vom Verdienste zeuget. —

Willkommen nun im Vaterland!
Froh eilen Dir entgegen
Die lieben Deinen Hand in Hand,
Und Dich umfängt ihr Seegen!

Und Dich umschließt ein Vaterarm,
Und treuer Mutter Thränen,
Die um Dich fliessen, die kein Harm
Erzeugte — Freudenthränen! —

Und Deine Lieben drängen sich,
Zu sehn Dich, und zu seegnen,
Und alle so recht feierlich
Dir heute zu begegnen. —

O hör und sieh und fühl dis Glük,
Das Dir Dein Gott gewähret!
O fühls.— und bet Ihm Dank zurük,
Der Deinen Wunsch erhöret!

Und meinen auch — sieh hier auch ich
Bin Dir entgegen gangen,
Um meinen Einen Freund, um Dich
Recht freudig zu empfangen!

Was mir Natur versagte, hat
So Freundschaft mir gewähret —
Du bist mein Bruder! bist durch That
Mir als ein Freund bewähret!

O viel, viel! Theurer! dank ich Dir
Noch durch mein künftigs Leben—
Doch will ichs nun nicht grade hier
Im Liede all erheben. —

Nimm, Bester, nimm auch meinen Gruß,
Den ich Dir redlich weihe!
Nimm hin den treuen Bruderkus
Zum Freundschaftspfand aufs Neue!

Sei nun auch mir im Vaterland
Ein Freund, so auserlesen,
Wie Dus in ienem fremden Land
Beständig mir gewesen.

Dis Wunsch für mich — und nun für Dich —
Den Wunsch heg ich im Stillen —
Das Vaterland — wie freu ich mich! —
Wird bald ihn laut erfüllen!

Nächt

Nächtliche Aussicht aus meinem Zimmer.

Ich sas allein um Mitternacht
    Noch auf in meiner Klause,
Indessen alles lag, es wacht'
    Nichts mehr im ganzen Hause,
Nur meine kleine Kazze schlich,
Mir zur Gesellschaft, noch um mich,
    Und, wie sie pflegt, sie schnurrte
    Mir etwas vor, und murrte.

Sonst war es um mich her so still,
    So sanft und so geschmeidig,
Und, wie ich dann so bin, ich grill
    Dann so — doch bin ich freudig
Dabei — und habe guten Muth,
Und denke so, was dir, mein Blut,
    Vom Himmel ist bescheeret,
    Wird dir noch wol gewähret.

So sas und sann und grillte ich,
    Und träumte noch im Wachen
Bei der Polemik — mir entwich
    Der Schlaf — was sollt ich machen?
Mir war so wunderbar zu Sinn,
Das Herz hing mir, Gott weis wohin,
    Vor meinen Augen schwebte
    Ein Bild — das mich erbebte.

Im

Im Freien, dachte ich, mein Herz,
　　Da wirst du dich erweichen,
Den namenlosen sondren Schmerz
　　Im Freien dir verscheuchen.
Ich schaute starr zur Alster hin,
Schon fühlt ich einen frohern Sinn
　　Die Aussicht hier ins Freie,
　　Ist schön — bei meiner Treue!

Ich überblikte hin und her
　　Die Gotteswundermenge,
Bei Nacht und Tag so hoch und hehr!
　　Ich spähte das Gedränge
Der Geister, die um seinen Thron
Ihm singen, und den vollen Lohn
　　Empfangen — ach ich spürte,
　　Wie mich der Anblik rührte!

Da stand das kalte Mondgesicht
　　Am Himmel hoch, und Sterne,
Die überstrahlten weit mein Licht —
　　Ich sah in ihrer Ferne
Des Himmels Vorsaal offen stehn,
Ich fühlte das Entgegenwehn
　　Der Palm am Ziel dort oben —
　　Sanft war in mir das Toben.

Rein

Kein Blättchen wehte auf dem Baum,
　Es hob sich keine Welle,
Des lieben Mondes Silbersaum,
　Der spiegelte so helle
Sich auf dem Wasser — o es war
So wunderschön und wunderrar,
　Ich kount so mit Entzükken
　Aus meinem Fenster blikken.

Da dacht ich dann so hin und her
　An reich und arme Leute,
Wie der den Gram verschläft — und der
　Sich heute so erfreute!
„Schön ist das Leben, doch vereint
„Mit Noth, hier unterm Mond geweint
　„Wird nicht — wie manche Thräne
　„In dieses Lebens Schöne!

Dis dacht ich so — ach da erhub
　Sich eine bange Stimme,
Die aus dem Wasser scholl — erhub
　Sich ängstlicher — die Stimme —
„Rett, rett" — ein fürchterlicher Ton!
Wenn ichs nur denke, läuft mir schon
　Der kalte Schauder über,
　Es zittern mir die Glieder.

„Rett,

„Rett, rett, — so drangs zu meinem Ohr,
  Und ach, ich konnt nicht retten,
Es schwebte fürchterlich mir vor:
  Du hörsts, und — kannst nicht retten.
„Rett, rett" und immer ängstlicher —
„Rett, rett" und immer leiserer —
  Und niemand war, der hörte,
  Und Rettung ihm gewährte.

Ach Gott, wie drangs durch Mark und Bein,
  Wie drangs mir durch die Seele!
Ach Gott, und ich war ganz allein,
  Wie bebt in mir die Seele!
Die Stimme gab allmälig nach,
Und starb mit ihm, dem Jüngling — ach!
  Er muste endlich sinken,
  Und jämmerlich ertrinken!

Ein Jüngling war es, angetraut,
  Wie man nachher erfahren,
Mit einer schönen jungen Braut
  Von noch nicht zwanzig Jahren,
Ein Jüngling, der der Liebe Macht
Zu stark empfand, und der bei Nacht,
  Man weis nicht wie? — sein Leben
  Den Wellen preis gegeben.

Wie — Gott! — wie fürchterlich erklang
    Die Stimme aus dem Waſſer!
Er ſchrie, er ächzte, und er ſank
    Hin ohne Rettung — daß er
Nur Rettung für die arme Seel
Doch fände, daß ſie ſich nicht quäl,
    Nicht dort, dort in der Höhe
    Noch erſt um Rettung flehe! —

So flehte ich ihm nach — allein,
    Die Stimme ſchwebt mir immer
Vor Ohren — oft ſiz ich und wein
    Um ihn in meinem Zimmer.
Ein leichenhaftes Grauen dekt
Die Gegend um mich her, und ſchrekt
    Mich ſo, wenn ich dran denke,
    Daß ich den Blik gleich ſenke.

Nun ſiz ich nicht bei Nacht allein
    So mehr in meinem Zimmer,
Ich las die Kezzer Kezzer ſein,
    Auch bei dem Mondesflimmer
Weil ich nicht ſo empfindſam mehr —
„Rett, rett“ — das ſchrekte mich zu ſehr!
    Zur Stunde der Geſpenſter
    Lieg ich nicht mehr im Fenſter.

Lied

Lied.

Froh will ich durchs Leben gehn,
Ob auch Dornen seitwärts stehn
Winde mir entgegen wehn,
Daß ich nicht lang vor mir sehn,
Kann auf dieser schmalen Reise,
Ist es doch die beste Weise,
Froh durchs Leben durchzugehn.

Hüllt sich auch der Himmel ein
Tief in Wolken — Sonnenschein
Kann nicht so nur ganz allein
Immer mein Geleitsmann sein;
Wolken gehn doch auch vorüber,
Wird er schwärzer gleich und trüber,
Hüllt er sich nur immer ein!

Regnets auch — was ist denn das?
Macht der Regen doch nur naß!
Endlich ist doch auch sein Faß
Ausgeleert, drum immer las,
Wenn die Sonne nicht will scheinen,
Auch einmal den Himmel weinen;
Regnets auch, was ist denn das!

Rost

Rollt dann auch ein Donner her,
Fahren Blizze übers Meer,
Brüllt der Donner tief und sehr,
Kreuzen Blizze weit umher —
Zünden sie nur nicht die Blizze,
Sind sie ia dem Erdreich nüzze;
Immer roll es dann nur her!

Froh will ich durchs Leben gehn,
Will nicht immer seitwärts sehn,
Ob nicht da auch Dornen stehn,
Wind und Windesbräute wehn,
Dornenhälse will ich knikken,
Frühlingsblumen will ich pflükken —
Froh will ich durchs Leben gehn!

Klage

Klage Wilhelms um seine Geliebte.

Dort ruht sie die Geliebte,
Ach Gott, ihr Tod betrübte
    Mich mehr als alles in der Welt!
Sie meine Auserkohrne,
Sie, die für mich Gebohrne,
    Ist hin, und hin ist mir die Welt!

An ihrem Leichensteine
Siz ich bei Mondenscheine,
    Ein Schauer fährt mir dann durchs Herz!
Sonst wandelten wir Beide
Hier durchs Gebüsch, und Freude
    Schlich sich so ungesucht ins Herz.

Wie harrten wir der Wonne,
Wenn unsre Freundin Sonne
    Sich lagerte so sanft zur Ruh!
Wie hatten wirs so gerne,
Wenn unsre Lieblingssterne
    So freundlich schwebten auf uns zu!

Da sann sie dann die Treue:
„Sieh diesen da, der weihe
    Mich dir zu deiner Himmelsbraut,
Er ists!— Nicht wahr, du Lieber?
Der Tod geht sanft vorüber,
    Mich hat noch nie vor ihm gegraut.

                                Gott

Gott wird uns schon erhören,
Wird unsern Wunsch gewähren,
　Dort bin ich sicher deine Frau;
Gleich werden wir uns finden,
Auf ewig uns verbinden,
　Und Engel führen uns zur Trau!"

Halt ein, sprach ich mit Beben,
Denk nicht an Tod, wir leben
　Hier bei einander, so Gott will.
Doch eine helle Thräne
Schlich ihr vom Aug, ich sehne
　Mich weiter, sprach sie, — und schwieg still.

Erharrt ist nun ihr Sehnen,
Verweint sind ihre Thränen,
　Sie ging in eine beßre Welt!
Sie mußt es mir versprechen, —
Und kann sics da wol brechen? —
　Sie hat mir einen Plaz bestellt.

Noch siz ich hier und weine
Bei ihrem Leichensteine,
　Und meine Thräne trinkt ihr Grab.
Doch bald ist auch mein Kummer
Verweint, ich sink in Schlummer
　Des sanften Todes bald hinab.

Der

Der Spaziergang.

Ich ging mit meinem Vetter
Einst aus bei schönem Wetter,
Ich weis nicht mehr, wann es noch war,
Doch sind es wohl nach grad sechs Jahr.

Die Sonne schien so helle,
Die kleine Nachbarsquelle,
Die plätscherte so sanft herab —
Da stiegen wir bergauf, bergab.

Ein leiser Zefir wehte,
Als ob er mit uns redte
Um uns so feierlich, rundum
Stands so wie in Elisium.

Die kleinen Blumen prangten,
Als ob sies recht verlangten,
Daß man hübsch sollte stille stehn,
Und ihre Unschuldsblüten sehn.

Es lachte so das Grüne,
Als macht es selber Mine,
Man möcht sich dran recht satt erfreun,
Und so recht guter Dinge sein.

Die

Die lieben Vögel sangen,
Daß Feld und Wald erklangen —
Da stand ich, und sah um mich her,
Und sah es immer herrlicher.

Da fühlt ich so ein Streben
In mir, ein frohes Beben.
Es war, als ob, wie ichs empfand,
Mir Berg und Thal vorüber schwand.

Nach eingen Augenblikken
Sucht ich dis auszudrükken;
Was es war, weis ich selber nicht —
Die Leute nanntens ein Gedicht.

Auch ein Lied zu Ehren des Weins.

Im Februar 1783.

Auch ich sing ein Lied dem Wein zu Ehren,
Und der Sultan soll mir das nicht wehren,
    Und des Mufti lach ich noch dazu.
Ich siz hier mit einer langen Pfeife,
Wie Poeten ziemen will, und greife
    Bald der Dose, bald dem Glase zu.

Der ihn so vom Himmel hat gegeben,
Mus es wissen, daß in unserm Leben
    Er uns dienlich und erfreulich ist,
Ja, er ist der rechte Sorgenbrecher,
Jeder trinke aus dem vollen Becher,
    Er sei Muselmann, Jud oder Christ.

Wie er schäumt und braust in meinem Glase,
Wie er geistig dampft mir in die Nase,
    Wie er sich ergiest in meine Brust!
Wie die Gläser so harmonisch klingen,
Wie ich hier so froh sein kann und singen —
    O wie wahre, hohe Menschenlust!

Wie das Herz er öfnet, daß im Freien
So der Mensch erscheint, und daß Gedeihen
      Jede gute Herzensregung krönt!
Wenn wir so nach alter Väter Weise
Recht uns haben, und im Bruderkreise
      Sich der Nachbar an den Nachbar lehnt!

Auf, es leben unsre wakkern Väter,
Auf, es leben, die, wie sie, so Thäter
      Sind, und ohne Worte Gleisnerei!
Seht, wie hier der Schaum vom Glase schwindet,
So sind glatte Worte auch, es findet
      Nur im Herzen sich die Brudertreu.

Auf, es lebe unser deutscher Kaiser!
Längst schon blühen hohe Lorbeerreiser
      Um sein Haupt, es leben, die, wie er,
Gute Menschen sind, und gute Fürsten,
Die nach Gut und Blut des Volks nicht dürsten,
      Und des Höchsten Bild schweb um sie her!

Auf, es leben unsre deutschen Männer,
Die der Pflicht noch treu sind, die als Kenner
      Auch den Künst und Wissenschaften hold!
Auf, es leben ihre brafen, treuen
Weiber, die so trauren, als erfreuen
      Sich mit ihnen — das ist Minnesold!

                                        Auf

Auf, es lebe Hans mit seinem Gretchen,
Auf, es leb der Jüngling und das Mädchen,
　　Dem die Liebe nicht ein Spielwerk ist,
Dem, wenn es den lieben Jüngling siehet,
Hoch der Busem wallt, und ihm dann glühet
　　Aug und Mund, wann er sein Mädchen küst.

Und so trinkt dann aus dem vollen Becher,
Trinkt, und singt, und jubelt hoch, ihr Zecher,
　　Die im Herzen ihr die Weinkraft spürt!
Und der Vater aller Freud dort oben
Wirds gewis in seinem Himmel loben,
　　Trinkt und singt dabei wie sichs gebührt!

Sinngedichte.

Sinngedichte *).

Die Toleranz.

Die Toleranz, von der in unsern Tagen
So Hof- als Ordensmann, so Pfarr als Laie spricht,
Wo ist sie denn? hör ich so viele fragen —
Sie lebt in Schriften — doch im Leben ist sie nicht.

○┤══════╪══════├○

H 2   Das

*) Wegen dieser kleinen Sinngedichte mus ich noch an-
merken, daß sie nicht gemacht sind, um besonders
ausgedeutet zu werden. Auch wird man, hof ich,
wenn sie etwa von mehrern Seiten genommen werden könnten, sie nicht nur nach einer beurtheilen,
oder etwa gar Folgerungen daraus herleiten. Ein
Epigram ist ein Epigram — So würde man mir z. E.
sehr unrecht thun, wenn man aus dem: die Streittheologie folgern wollte: ich habe nicht Polemik studirt, oder verkenne ihren nützlichen Einflus in die
Glaubenslehre, und ihre nothwendige Verbindung
mit derselben, oder spotte nur darüber, weil es die
Unwissenheit zur Mode gemacht hat, und etwa in
Romanen über Logik und Polemik gespottet wird.
           Was

Das verschiedne Sterbebette.

1.
Des ungestraften Bösewichts.

Ich sah ihn sterben — fürchterlich — er überschrie
Des Sturmwinds Heulen, knirschte mit den Zäh-
nen — wie
Ach Gott, wie brüllte, röchelte, und stöhnte er!
Er lebte — schröklich! — doch, er starb — viel
schröklicher! —

2.
Des frommen Dulders.

Ich sah ihn sterben — wie so voller Zuversicht!
Wie lächelte im Tode noch sein Angesicht —
Als wär er schon verklärt! — so sanft, so still, so schön
Entschlief er — o ich sah die Sonne untergehn! —

Bün-

Was hier Streittheologie, und was sonst Polemik,
oder Geschichte der Dogmen heist, ist nun wol zwei-
erlei, und eine solche Streittheologie ist auch 1 Tim. 1,
4 - 7. 6, 3 5. 2 Tim. 2, 14. 23. Tit. 3, 9. gemeint.
Darf ich hoffen, daß man diesen Unterschied auch hier
werde gelten lassen? und noch mehr, daß man die
Anwendung auch auf den Heuchler S. 51. den philo-
sophischen Bauer S. 67. und den armen Teufel S. 83.
so wie hier auf die Toleranz, das Religionsgespräch
u. s. w. machen werde?

Bündiger Kanzelbeweis von der Dreieinigkeit Gottes *).

Jüngst handelte Herr Balthasar die wigtge Lehre
Auf seiner Kanzel ab, daß Gott dreieinig wäre,
— Bediente sich dabei der Rechenkunst zum Schlus,
Daß drei bei Gott nur eins, und eins doch drei
sein mus.

Die Logik nach den gewöhnlichen Kompendien.

Die Logik ist eine Wissenschaft,
(Wie Wassersuppe so voller Kraft)
Sie lehret den Verstand gebrauchen,
(Daß Kraft und Saft davon verrauchen)
Sie füllet den Kopf mit Weisheit an,
(Die nur die Dummheit gebrauchen kann)
Sie macht, daß aller Schatten schwindet,
(Indem sie alles Licht auszündet).

H 3   Der

*) Ich bin kein Spötter über eine Lehre, die so vielen
redlichen Christen wigtig und heilig ist.— Aber die
Anekdote ist wahr; man sehe Hrn. Spalding über
die Nutzbarkeit des Predigtamtes. S. 134.

Der Ton in Gesellschaften.

Bav spricht auch immer noch vom schönen Wetter —
Bav weis auch nicht zu leben, denn wie hätt er
Nicht können sonst ein Wort vom Frieden sprechen,
Und sich dabei an England tapfer rächen?

Der Bettler und der Verwalter.

V. Was sagt ihr guts? — B. Ich bitt um einen
                                    Bissen Brod,
Ach Gott, ich litt noch nie so grosse Hungersnoth.
V. Geht ihr mit Gott! Gott helf euch, Alter!
B. Und euch zur Menschlichkeit, Verwalter!

Lebensart.

Man sagt, Neran versteh die grosse Kunst zu leben,
Er weis zu rechter Zeit — zu nehmen und zu geben.

Die

Die Polemik.

Und nun, was nützet sie
Die Streittheologie?
Sie macht das leichte Bibelbuch erst schwer,
Die Glaubenslehre macht sie pfündiger;
Das Ultimat ist denn nach vielen Fragen:
„Man kann es doch so eigentlich nicht sagen.

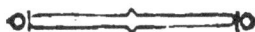

Herr Duns.

Herr Duns — das ist ein ganzer Mann,
Der alles will und alles kann.
Was kann er denn? — nun, er kann nichts,
Was will er denn? — er will auch nichts.

Wie sich verhält Empfindelei zur Empfindung: so verhält sich Mode zur Deutschheit.

Die Mode paßt so recht fürs deutsche Frauenzimmer —
Madam empfindelt stets, und — sie empfindet nimmer.

Grab-

Grabschrift.

Hier ruht der Domher Quast, der nie die Zeit versäumte
Zum Schmaus und Schlaf, und, um doch auch zu
leben — träumte.

Guter Rath.

„Werd bankerot — es hält die Probe aus,
„Erst hatt ich nichts, nun hab ich Hof und Haus.„

Galanterie.

Gesezt nun, ein unschuldges Bauermädchen,
Das sas und spann an seinem kleinen Rädchen
In einer Hütte, ärmlich zwar und klein,
Doch häuslich und reinlich — sas allein,
Und nun schlich von dem Feld sich Nachbar Görgel ein,
Und machte ihr was weis, und sagt, er woll sie frein, —
Und schäferte mit ihr, und karessirte sie,
So lange bis — wie? wär auch das Galanterie?

Schlechte

Schlechte Zeiten.

Ein ieder klagt itzt über schlechte Zeiten,
Ein ieder will gern tanzen, fahren, reiten;
Will gern zum Zwek, und doch die Mittel nicht,
So lügt der Mensch sich grad ins Angesicht.

Alte und neue Bibelerklärer.

Jene erklärens hinein, und diese erklärens heraus,
Am Ende machen sie noch ein Trauer= und Lustspiel
daraus.

Neumodischer Haarpuz.

Ihr Haarpuz — ei, da kann man ia hinunter gukken,
Wie? tragen denn die Schönen nun auch gar Parukken?

H 5 Tartüf=

Ein guter Freund und ein treuer.

So lang dir noch die Sonn am Himmel scheint,
Haſt du wohl mehr als einen guten Freund;
Wer aber in des Ungewitters Nacht
Noch einſam um dein Lager wacht,
Mit dir in deine Klagen weint,
Das iſt der Eine treue Freund.

Das Spiel zum Zeitvertreib.

Nur um die Zeit ſich zu vertreiben, ſpielen Sie?
Die Zeit? Madam! verlohnt ſich dieſes wol der Müh?

Der modiſche Student.

Der junge Herr verzehrt ſein Geld auf der Akademie,
Er iſt Student — nur er ſtudirt doch nie.

Der

Der zärtliche Abschied.

„Ach, bester Schwiegersohn, ich — ach, ich sterbe! —"
„Wie Gottes Will ist, Herr Papa, — ich erbe!

Frauenzimmermoden.

Aus Riesen werden sie nun wieder zu Zwergen,
Natur muß sich bei ihnen immer verbergen,
Sie heissen von Natur das schöne Geschlecht,
Allein durch Kunst vergeben sie sich das Recht.

Der akademische Windmacher.

Er, Doktor Prahlhans, wie er sich da bläht,
Sich keklich auf dem hölzern' Beine dreht —
Daß doch der Hahn dann nur so kräht,
Wenn er auf seinem Misthauf steht!

Verſchiedene Rathgeber.

A. **N**imm ſie um Gottes Willen nicht,
Was hat ſie für ein gräſiches Geſicht!
Wie dumm iſt ſie! und ſchiefe Beine noch dazu!
Riecht aus dem Hals! hat eine ſchwarze Seele! buß
O nimm ſie nicht um alles in der Welt!
B. Was? ſei kein Gek, nimm ſie, denn ſie hat Geld.

Auf einen Kanzelſchwäzer.

Gelt! würdeſt anderswo du eine Stunde ſprechen,
Man würd' dich alle Augenblikke unterbrechen.

Die Geſellſchaft.

Mus man in H —— in Geſellſchaft ſein,
Da iſts, als wäre man faſt ganz allein.

Auf

Christliche Grabschrift auf einen Juden.

Er glaubte hier als Jud und handelte als Christ;
Wer weis, ob er nicht noch ein Christ im Himmel ist.

Auf einen Kabinetsinspektor.

Wie? was? Inspektor nennet ihr den Mann?
Nun ja, er sieht es freilich auch nur an.

Geist

Anhang
geistlicher Lieder.

Ich mus auch wol biesem Anhange noch etwas, das zur Vorerinnerung bienen kann, beifügen. Erst seit einiger Zeit hab ich den Versuch gemacht, mir und meinen lieben ein **geistliches Lied** (wie mans nun gerade nennt) zu singen. Ich darf es nun wol öffentlich gestehen; und die, bie mich am nächsten kennen, wissen es, daß ich diese liebet aus ber Fülle meines Herzens gesungen habe, so wie sie denn auch eigentlich nur zu meiner Privaterbauung bestimmt

J 2   waren.

waren. Nie hab ich mich mit dem Vorsaz, ein
geistliches Lied zu dichten, an den Pult gesezt:
sondern immer war es eine besondre Gelegen=
heit, die mir den Inhalt an die Hand gab.
So z.E. sind die Verse: wohl uns o Heiland Je=
sus Christ, der Schlus von einer Passionspredigt,
die ich als Mitglied des Predigerseminariums
an der Universitätskirche zu Helmstätt hielt.
Mit dem Liede: Religion von Gott gegeben 2c.
schlos ich eine Anleitung zum Nachdenken über
die Wahrheit und Göttlichkeit der Offenba=
rung J. C. Das Morgenlied sang ich beim
Aufwachen der Schöpfung dem Vater der Na=
tur, um meinem vollen Herzen Luft zu ma=
chen, und die Freuden des Frühlingsmorgens
inniger zu fühlen. — Von den ältern Kir=
chenliedern, die hier verändert beigefügt sind,
hab ich nichts weiter zu sagen, als daß ich sie
im Ganzen zu verbessern gesucht habe.
In wie weit mir das geglükt sei, mögen die
ent=

entscheiden, die der Sache kundig sind. Ich
wenigstens habe das Schwere dieser Arbeit
wol empfunden, hab oft meine Verbesserungen
(wofür ich sie anfänglich hielt) wieder verbessert,
oder abgeändert, und am Ende gefunden, daß
das, was ich verbessern wollte (wenn auch der
Reim Verbesserungen litt), doch herzlicher,
einfältiger und geistlicher war, als ichs so im
Kurzen auszudrukken vermogte. Vielleicht ist,
ungeachtet des Mistrauens, das ich, als An-
fänger in der Sache, hier nothwendig in mich
sezzen muste, manches stehen geblieben, was
im Original viel besser lautet. Die vorzüglich herzlichen Stellen in den ältern Kirchen-
liedern, dergleichen ich z. E. in dem liede: ich
singe dir mit Herz und Mund, V. 7. 10. 11.
15. zu finden glaubte, getraut ich mich nicht
zu verändern, kaum daß ichs da wagte, den
Ausdruk zu rügen. Und es thut mir in der
That wehe, gewis mit vielen frommen Glau-

J 3   bens-

bensbrüdern, wenn ich ſehn mus, wie die
herzliche Einfalt der Alten manchmal nur um
den geringen Preis einer verbeſſerten Redart,
oder eines leichteren Reims verkauft wird. —
Dieſer kleine Anhang ſei denn ſchlieslich auch
nur eine Anfrage, ob der Verfaſſer zum geiſt⸗
lichen Liederdichter einigen Beruf habe? —
Er wagt es nicht, hierin auch nur etwas für
ſich zu entſcheiden, und er glaubt doch, daß
man dazu einen Beruf haben müſſe. —

Ermun⸗

Ermunterung zum Vertrauen auf Gott aus Betrachtung seiner Allgüte.

Ich singe dir mit Herz und Mund,
   Der du allgütig bist,
Dein Lob — die Schöpfung macht es kund,
   Doch sing ich es als Christ.

O Gott, was ist der Mensch, der Staub,
   Was ist er ohne dich?
Er wär des ewgen Todes Raub,
   Nun lebt er ewiglich.

O Gott, was ist die ganze Welt,
   Was ist sie ohne dich?
Wenn deine Hand sie nicht erhält,
   Wie todt! wie fürchterlich!

Es werde, sprachst du, und es ward
   Das hohe Himmelszelt,
Sprichst: es vergehe: so erstarrt
   Die lebenvolle Welt —

       Wer

Wer ist es, der der Schöpfung Plan
　　So herrlich ausgeführt?
Wer ist es, der die Sternenbahn
　　So ordnet und regiert?

Wer ist es, der die Felder schmükt,
　　Mit Thau und Regen nezt?
Wer ists, der so das Aug entzükt,
　　Und so das Herz ergözt?

Wer ist der Vater der Natur,
　　Die uns so hoch erfreut?
Wer ist es, der auf unsre Flur,
　　Den vollen Seegen stráut?

Wer ist es, der uns so viel Freud,
　　Schon hier auf Erden schenkt?
Und zu der Unschuld Seeligkeit
　　So unser Herz hinlenkt?

Wer gibt uns Leben und Gedeihn?
　　Wer nährt uns, wer erhält,
Daß wir des Daseins uns so freun,
　　Uns, und die ganze Welt?

Wer ist es, der auf uns so sieht?
　　Wer ist es, dessen Hand
Bewahrt den ädlen, werthen Fried
　　In unserm Vaterland?

Du bist es, Vater! nur von dir
 Kommt dis, du must es thun.
Du hältst auch Wach an meiner Thür —
 Wie sicher kann ich ruhn! —

Du bist der Vater aller Freud,
 Die deine Welt geniest,
Der Urquell aller Seeligkeit,
 Die sich auf uns ergiest.

Wenn sich mein Herz zu dir erhebt —
 Wie wird es dann so leicht!
Wenn es so reuig zu dir strebt,
 Wie ist dein Herz erweicht!

Wenn ich im Stillen zu dir wein,
 Fühl ich, was Tröstung sei!
Denn auch kein Zährlein ist so klein,
 Du hebst und legst es bei.

Was gräm ich mich in meinem Sinn?
 Was sorg ich Tag und Nacht?
All meine Sorge werf ich hin
 Auf ihn, der mich gemacht.

Er ists ia, der von Jugend auf
 Mich väterlich ernährt,
Wie manchen schweren Unglückslauf
 Hat er nicht abgekehrt!.

     Noch

Noch ist ja niemals was versehn
    In seinem Regiment,
Nein, immer hab ichs noch gesehn,
    Es nahm ein gutes End.

So bin ich frölich und getrost,
    Mein Herz erweitert sich —
Es ist für mich der schönste Trost,
    Mein Vater sorgt für mich!

Trost

Trost der Gnade des Weltheilandes.

Wohl uns, o Heiland Jesus Christ!
Daß du, du unser Richter bist,
    Der du für uns gelitten!
Der Sünde Macht hast du gedämpft,
Den schweren Kampf hast du gekämpft,
    Den Sieg hast du erstritten!

Wohl uns, o Heiland Jesus Christ!
Daß du einst unser Richter bist,
    Der du als Mensch gewandelt!
Du richtest nach Gerechtigkeit,
Du richtest mit Barmherzigkeit,
    Weist, wie der Mensch hier handelt!

O wohl uns mehr noch, wenn wir hier
Dem Muster aller Tugend, dir,
    Herr Jesus, näher kommen!
Noch sehen wirs so herrlich nicht,
Einst sehen wirs im vollen Licht,
    Das grosse Heil der Frommen!

Allgemeines Loblied Gottes.

Nun danket alle Gott
Mit ganzem frohem Herzen!
Er, der Allgütige,
Entreist uns allen Schmerzen!
Thut Allen Alles wohl,
Wenn auch auf unsrer Bahn
Uns oft der Kummer drükt,
Sie führt doch himmelan!

Er, der Allgütige
Woll ferner uns im Leben
Ein immer frohes Herz,
Und ädlen Frieden geben,
Und uns in seiner Gnad
Erhalten fort und fort,
Bis einst aus aller Noth
Er uns ganz aushilft — dort!

Ihm sei stets Lob und Preis,
Und seinem theuren Sohne,
Und seinem heiligen Geist,
Am hohen Himmelsthrone!
Der ganze Erdkreis schall
Von seines Namens Ehr!
Und unser Leben preis
Ihn immer, immermehr!

Betrachtung der Himmelsseeligkeit.

Seeligstes Wesen, unendliche Wonne!
Grundlose Tiefe der herrlichsten Lust!
Göttlicher Herrlichkeit stralende Sonne!
O wie erweiterst du doch meine Brust!
Las mich dich loben,
Bis einst dort oben,
Wenn ich die Siegerkron werde erringen,
Die unverwesliche Zunge wird singen.

Gönne von Ferne mir einige Blikke
Von der Vollendeten Glükseeligkeit,
Daß ich die Seele ganz freudig hinschikke,
Da ihr am Throne der Allmacht bereit
Ewige Freuden —!
Wann denn auch Leiden,
Mich hier noch treffen, ich doch zu der Höhe,
Gläubiger Zuversicht voll, hinaufsehe!

Der du dich in dir und durch dich erfreutest
Eh dieses alles sein Wesen gewann,
Leben und Wohlthat und Wonne verleihtest,
Daß dein Geschöpf dich verherrlichen kann,
Vater des Lebens!
O nicht vergebens
Müssest du mir so viel Güte erweisen —
Wie kann mein Herz dich doch dankbar gnug preisen!

Wandle

Wandr' ich im finstern Thal, fühl ich das Grauen
Dämmernder Todesnacht — doch wird es Licht —
Sink ich in Ohnmacht, und beb ich im Grauen,
Nah der Verzweiflung — doch läst du mich nicht!
Endlich im Scheiden,
Wann ich nun leiden
Werde die lezte, die heftigste Pein,
Geh ich vollendet zur Ewigkeit ein!

Schüttert die Erde, und donnert der Himmel,
Bebet, und wanket, und stürzet die Welt —
Weis ich doch, daß auch in diesem Getümmel
Meiner Unsterblichkeit Hofnung nicht fällt.
Wie sie mir schimmert,
Wenn auch zertrümmert
Himmel und Erde, sie kann nicht zertrümmern,
Weit übers Ziel mus die Krone herschimmern.

Wird meine Seele im Glauben schon seelig;
Fühl ich die labende Tröstung in mir;
Bin ich schon hier in der Hofnung so frölich:
Vater der Geister! wie dank ich es dir,
Wenn von der Erde
Ich entrükt werde,
Und du dis seelige, ewige Leben
Mir aus der Quelle zu schöpfen wirst geben!

Himm:

Himmlische Seeligkeit! ahnd ich von weiten
Nur den entferntesten, kleinesten Theil,
Was dort den Seinen der Schöpfer bereiten
Wird für ein hohes und ewiges Heil —
Ists mir doch Stärke,
Daß ich die Werke,
Die mir mein Vater befolen, vollbringe,
Und so das Kleinod der Laufbahn erringe.

Bin ich dann seelig: so las es mich merken,
Präg es, o Vater, mir tief in den Sinn,
Nim dann im Glauben und rechtschafnen Werken
Mich aus der Eitelkeit, wann du willst, hin,
Daß ich nach Klagen,
Freudig mag sagen:
Ausgekämpft hab ich nun, und ausgerungen —
Ich bin vollendet zum Himmel gedrungen.

Freude

Freude an Gott.

Herzlich lieb hab ich dich, o Herr,
Der ist, und war, und sein wird, der
Bist du, mein Gott und Vater!
Wie ohne dich die ganze Welt
Zertrümmert, und in Nichts hinfällt —
Du nur bist Schuz und Rater!
Wenn einst auch mir das Auge bricht —
Du, du bist meine Zuversicht!
Der mich im Allerlezten tröst't
Ist dein Sohn — der hat mich erlöst!
O Jesus Christ!
Mein Gott und Herr!
Mein Gott und Herr!
An dir verzag ich nimmermehr.

Es ist ia alles deine Gab,
Was ich an mir und um mich hab,
In diesem ganzen Leben.
Daß ich es brauch zu deiner Ehr,
Des Nächsten Wohlfahrt dadurch mehr,
Das wollst du nun auch geben!

Vor

Vor Irrthum, Herr, behüte mich!
Und vor dem Laster, Herr, daß ich
Den rechten Weg ja nicht verfehl,
Und rein erhalte meine Seel!
O Jesus Christ!
Mein Herr und Gott!
Mein Herr und Gott!
Erhalt sie rein bis in den Tod!

Und dann, am allerlezten End,
Dann lindre du den Schmerz, und send
Mir Frieden in die Seele!
Der Leib der Staub mag in den Staub
Hinfallen, nicht des Todes Raub
Wird sie dann, meine Seele —
Denn sie ist Bild, o Gott, von dir!
Und auch den Leib — den wirst du mir
Vom Staub erwekken, Gottes Sohn!
Wie freu ich mich in Hofnung schon —!
O Jesus Christ!
Dann freu ich mich,
Und leb durch dich,
Und leb, und freue ewig mich!

Die

Die Christusreligion.

Religion, von Gott gegeben,
Wie bist du meiner Seele werth!
Wie bist du Hofnung, Trost und Leben,
Dem, dessen Herz — dir angehört!
Wie bist du eine Kraft aus Gott,
Du, Ruh im Leben, Ruh im Tod!

Zwar seh ichs nur in dunkler Ferne,
Bis einst der volle Tag anbricht,
Bis sich mein Glaub einst über Sterne
Erhebt, und ich von Angesicht
Zu Angesichte ihn werd schaun,
Ihn, Jesum Christum, mein Vertraun!

O zeigt mir eine bessre Lehre,
Ihr Spötter, die ihr sie verhönt!—
Die so des Lebens Führer wäre,
Den Menschen so mit Gott versöhnt,
Die eine solche Tugend lehrt,
Und solche Hofnungen gewährt!

Sie ist es, die die Freud zur Freude,
Die Tugend erst zur Tugend macht,
Sie ist es, die im schwersten Leide
Uns stärkt und tröstet, die mit Macht
Das Herz erhebt von Welt und Zeit
Hierauf zu Gott und Ewigkeit!

Sie ist es, die auf allen Wegen
Uns Licht verbreitet, die uns lenkt,
Sie ist es, die uns hohen Seegen,
Uns Frieden des Gewissens schenkt;
Der Richter da in unsrer Brust
Ist sich des Werths vor Gott bewust —!

Sie ist es, die vor Gott zu stehen,
Und hinzunahn zu ihm gebeut;
Und er ists, der ins Herz kann sehen —
O Gott! welch eine Seeligkeit,
Im Geiste so vor Gott zu stehn —
Und ihn — als Vater — anzuflehn!

Sie ist dem müden Pilger Stärke,
Daß er das nahe Ziel erringt,
Und wenn beim Rükblik seiner Werke
Die Waage vor ihm steigt und sinkt,
Dann lindert sie den lezten Schmerz
Ihm, weht ihm Himmelsruh ins Herz!

O wo ist eine solche Lehre,
Ihr Spötter, die ihr sie verlacht! —
Die nur ein Theil von dem gewähre
Wodurch sie uns so glüklich macht?
Die so den Tugendhaften lohnt,
Und selbst den Sünder so verschont? —

Ihr

Ihr schweigt — doch zweifelt ihr — ich glaube;
Ich bins gewis, und zweifle nicht.
O keines Spötters Irrwahn raube
Mir ie von meinem Weg dis Licht,
Es strale mir durchs Todesgraun,
Bis ich, was ich geglaubt, werd schaun!

Ergebung in den göttlichen Willen.

Ich hab mein Sach Gott heimgestellt,
Er mach es, wie es ihm gefällt,
Mein Schikksaal steht in seiner Hand,
Dis ist doch nur der Prüfungsstand,
Da droben ist mein Vaterland!

Ich traue einzig seiner Gnad,
Die keinen noch verlaffen hat;
Von meinem Haupt fällt nicht ein Haar,
Er hats gezählt! — wie gros und wahr! —
Ihm, ihm ist alles offenbar.

Ja, dis ist nur der Prüfungsstand,
Im Himmel ist mein Vaterland!
Hier fühl ich noch des Lebens Müh,
Im hohen Grad fühl ich oft sie,
Vollkommne Freud empfind ich nie.

Ich Pilger wanke hin und her,
Oft drükt mich meine Bürde sehr,
Dann klag ich, Herr, vor dir, und wein,
Ob nicht der Abend bald erschein,
Wo ich der Heimath mich werd freun.

Und

Und wandl ich ſo im finſtern Thal,
So dünkts mich oft, ein Jammerthal
Sei nur die Welt, doch wenn dein Licht
Dann plözlich durch die Seele bricht —
Traur ich ſo übers Leben nicht.

Iſt hier auch gleich der Leiden viel:
So weis ich doch, es hat ein Ziel,
Hier darf ich keine Hütten baun,
Auf dieſes Ziel nur darf ich ſchaun,
So ſchöpf ich Hofnung und Vertraun.

Den guten Kämpfer krönt der Herr,
Den müden Pilger lohnet er!
Hier ſä ich aus, dort erndt ich ein,
Wird meine Saat hier gut gedeihn:
Wie werd ich mich der Erndte freun!

Lehr uns bedenken, treuer Gott,
Recht oft und ernſtlich unſern Tod,
Der unſrer Wallfahrt Ende macht,
Bis wir aus unſers Grabes Nacht
Zum ewgen Leben auferwacht.

Zwar

Zwar bebt das Herz vor ihm zurük,
Und grauenvoll fährt unser Blik
Dahin —— Verwesung schrekt uns sehr
Und ist uns fürchterlich, doch mehr
Erschrekt uns unser Sünden Heer.

Und das Gewissen, Herr, verklagt
Uns laut, und unsre Seele zagt
Vor dir, dem Richter aller Welt——
Gott, wenn dein Arm uns nicht erhält,
So sinkt die Hofnung gar, und —— fällt.

Doch wenn mich auch die Sünd anficht
Im Tode —— doch verzag ich nicht,
Ich zag nicht in der lezten Noth,
Ich weis es, seinen Sohn hat Gott
Für mich gegeben in den Tod.

Er, der für mich gestorben ist,
Mein Heiland, mein Herr Jesus Christ,
Ist auch im Tode noch mein Theil,
Der Weg zum Grab sei noch so steil,
Die Ewigkeit verspricht mir Heil!

Denn

Denn Er stieg aus dem Grab hervor,
Er hielt die Palme hoch empor!
Auch ich werd ihn nicht ewig sehn,
Den Tod — zum Leben auferstehn
Werd ich, und aus dem Grabe gehn!

Der Tod ist mir nun keine Straf,
Ich schlummre nur den lezten Schlaf,
Aus diesem Schlafe werd ich wach
Zu einem neuen Gottestag —
So folg ich meinem Heiland nach!

Morgen-

Morgenlied.

Wie ist doch deine Welt so schön!
O Gott, wie freu ich mich,
Daß ich bin, daß ich sie kann sehn,
Sie sehn, und preisen dich!

Ja, Freude — das ist ein Gebet,
Das dir gefällig ist!
Wer traurig nur im Winkel steht
Der ist kein guter Christ.

Die ganze Schöpfung weit und breit
Verkündet hoch und hehr
Mir deine Vaterfreundlichkeit —
Gelobet sei der Herr!

Ich knie hier auf deiner Flur
Und bet dich an — fürwahr
Dein Tempel, Gott! ist die Natur,
Der Rasen dein Altar!

Hier sing ich dir — der Vogel singt
Auch seinen Dank mit mir,
Er regt die Flügel, o er schwingt
Sich freudig auf — zu dir!

Der

Der lieben Sonne erſter Strahl,
   Wie er mein Herz entzükt!
Die Wange röthet! — überall
   Fühl ich, ich ſei beglükt!

Sie ſcheint ſo freundlich und ſo mild
   Auf Berg und Thal herab!
So recht des lieben Vaters Bild,
   Der Allen Alles gab!

Wie glänzet da ſchon Berg und Thal!
   Wie öfnet ſich das Feld!
Wie lebt, und freut ſichs überall!
   Wie ſchön iſt Gottes Welt!

Wohin ich ſchau, ſeh ich die Spur
   Der Vaterfreundlichkeit —
O bilde du mein Herz, Natur!
   Zur frohen Dankbarkeit!

Troſt

Trost im Tode.

Wenn mein Stündlein vorhanden ist,
Und ich die finstre Strasse
Soll wandern, o Herr Jesus Christ,
Alsdann mich nicht verlasse!
In meiner lezten Todesnoth,
Im lezten, lezten Kampf, o Gott,
Las mich dann nicht erliegen!

Zwar meiner Sünden ganzes Heer
Wird mich dann schreklich nagen,
Denn ihrer sind wie Sand am Meer,
Doch will ich nicht verzagen;
Ich tröst mich deiner lezten Angst,
Wie du so mit dem Tode rangst,
Um meine Schuld zu büssen.

An deinem Tode hab ich Theil,
Des tröst ich mich von Herzen,
Er ist in meinem Tod mir Heil,
Trost in den bängsten Schmerzen!
So sterb ich froh, ich sterbe dir,
Ein ewigs Leben hast du mir
Durch deinen Tod erworben.

Aus

Aus deinem Grab gingst du hervor,
O göttlicher Gedanke! —
Wie hebest du mein Herz empor,
Daß ich nicht traurig wanke;
Nein, nun wankt meine Hofnung nicht,
Mir strahlt auf Todeswegen Licht,
Auch ich werd auferstehen!

So fürcht ich nicht des Todes Graun,
Nicht der Verwesung Schrekken,
Ich weis, es ist der Weg zum Schaun,
Mein Heiland wird mich wekken!
Wenn er aus meiner stillen Gruft
Mich dann zum ewgen Leben ruft —
Wie werd den Tod ich seegnen!

Inhalt

Inhalt

vermischter Gedichte.

Sinn-

Sinngedichte

Geistliche Gedichte.

.

www.ingramcontent.com/pod-product-compliance
Lightning Source LLC
Chambersburg PA
CBHW030846270326
41928CB00007B/1249